企业人力资源管理师职业技能等级认定考试指南

企业人力资源管理师（四级）考试指南

莫荣　主编

中国劳动社会保障出版社

图书在版编目（CIP）数据

企业人力资源管理师（四级）考试指南 / 莫荣主编. -- 北京：中国劳动社会保障出版社，2024

企业人力资源管理师职业技能等级认定考试指南

ISBN 978-7-5167-6451-0

Ⅰ. ①企…　Ⅱ. ①莫…　Ⅲ. ①企业管理－人力资源管理－职业技能－鉴定－教材　Ⅳ. ①F272.92

中国国家版本馆 CIP 数据核字（2024）第 107076 号

中国劳动社会保障出版社出版发行

（北京市惠新东街 1 号　邮政编码：100029）

*

保定市中画美凯印刷有限公司印刷装订　　新华书店经销

787 毫米 ×1092 毫米　16 开本　14.25 印张　179 千字

2024 年 7 月第 1 版　　2024 年 7 月第 1 次印刷

定价：42.00 元

营销中心电话：400-606-6496

出版社网址：http://www.class.com.cn

企业人力资源管理师职业技能等级认定考试指南
编写人员

主　编

莫　荣

编　者

田大洲　胡小勇　黄湘闽　宫倩楠

出版前言

国家职业技能等级认定考试指南（以下简称考试指南）是围绕国家职业技能标准，根据职业技能等级认定教程编写的，用于指导各类技能人才参加职业技能等级认定考试的重要辅导资料。考试指南能够帮助考生更好地了解、熟悉和掌握国家职业技能标准和相关教程的主要内容，全面了解本职业技能等级认定的考核方式、题目类型和应试技巧，有助于顺利地通过认定考试。

2019 年，经人力资源社会保障部批准，《企业人力资源管理师国家职业技能标准（2019 年版）》发布施行。2020 年，中国劳动和社会保障科学研究院组织修订了企业人力资源管理师职业技能等级认定教程（第四版）（以下简称教程）。目前，企业人力资源管理师职业技能等级认定在全国范围内顺利开展，各地考生积极踊跃参加各级别职业技能等级认定，急需根据现行国家职业技能标准和教程编撰新版考试指南用于指导考生参加考试。基于以上考虑，我们组织编写了《企业人力资源管理师职业技能等级认定考试指南》（以下简称《考试指南》）。

本版《考试指南》在内容安排上主要有以下三个特点：一是根据我国职业技能等级认定制度改革要求，厘定了考试指南与国家职业技能标准和教程的关系，明确了企业人力资源管理师职业技能等级认定的命题依据和原则，并据此向考生介绍各类题型的应试技巧，帮助考生明晰职业技能等级认定考试的相关要求。二是根据现行国家职业技能标准和教程的内容，更新各职业技能等级的相关知识与技能要求的认定要素细目表，分别以“X”“Y”“Z”表示重要程度，指导考生按要求“掌握”“熟悉”“了解”相关认定要素知识点，并据此重新梳理归纳各职业功能模块的基本内容和学习要求，有助于考生从整体上全面而又有侧重地把握知识技能要求。三是分章节命制了辅导练习题和参考答案，为考生掌握重点、理解难点、解析疑点提供具体指导，并增加了练习题数量，以便于考生能够更加熟悉题目类型和应试场景。

本版《考试指南》由莫荣主编，田大洲、胡小勇、黄湘闽、宫倩楠等参与编写，是2007年版和2015年第二版考试指南的延续。安鸿章、岳威、鲍春雷、王宝石、刘凤霞、刘建萍、余琛、赵伟、韩永江、童天、张兰、邹勇、刘小玲、蔡宁、时雨、李晨、高珊、张京鹏、刘薇等参与了前两版考试指南的编写工作，莫荣、郑东亮、田大洲、胡小勇等同志还参与了相关编审工作，在此表示衷心感谢。由于时间仓促，错误之处在所难免，欢迎读者提出宝贵意见。

编者

2024年5月

目　录

第一篇　考生应试指导

第二篇　辅导练习

第一篇 考生应试指导

✿ 企业人力资源管理师职业技能等级认定中应关注的几个重要问题

✿ 企业人力资源管理师职业技能等级认定考生应如何应答综合分析题

✿ 企业人力资源管理师（四级）相关知识与技能要求认定要素细目表

企业人力资源管理师职业技能等级认定中应关注的几个重要问题

一、《考试指南》与《教程》《职业标准》的关系

《企业人力资源管理师（四级）考试指南》（以下简称《考试指南》）是为了帮助考生了解和掌握企业人力资源管理师（四级）职业技能等级认定考试的内容和要求而编写的，它同人力资源社会保障部已经发布的《企业人力资源管理师国家职业技能标准（2019年版）》（以下简称《职业标准》），以及中国劳动社会保障出版社出版发行的企业人力资源管理师职业技能等级认定教程（第四版）《企业人力资源管理师（四级）》（以下简称《教程》）联系密切。每一名准备参加职业技能等级认定考试的考生都应反复阅读《职业标准》《教程》和《考试指南》，并正确理解其中的各项具体内容和要求。

《职业标准》是国家制定的专门用于职业技能等级认定的纲领性文件，考生可以从《职业标准》中了解本职业的概况，如职业的定义、职业技能等级的划分、职业能力特征、职业技能鉴定的要求（申报条件、鉴定方式）等；还可以使考生了解企业人力资源管理师（四级）应理解和掌握的相关知识要求以及技能要求的具体范围、内容和比重，并了解考核的形式和要求等一系列重要信息。

编制《教程》要以《职业标准》为纲，体现了企业人力资源管理师的职业性质和特点，以及对从业人员任职资格、应掌握的理论知识和专业技能的要求，它是《职业标准》中各项工作内容和要求的细化、具体化和实际化，是每名考生获取基础知识、理

论知识与专业技能的基本依据。参加企业人力资源管理师（四级）考试的考生，通过对《教程》相应范围内理论知识的学习和系统培训，可以更好地掌握人力资源管理工作所必需的专业技能。

《考试指南》以《职业标准》为准绳，以《教程》为依据，按照《教程》章节编写了企业人力资源管理师相关知识与技能要求认定要素细目表，以及各章节考试考核的内容和要求，具体列出了企业人力资源管理师（四级）的相关知识和技能要求的认定范围、认定点和重要程度，并为考生编写了应试指导和辅导练习。

总之，本《考试指南》详细说明了企业人力资源管理师（四级）职业技能等级认定考试的特点，为考生指明了考核的重点范围和内容，明确了复习内容中的核心要素和一般要素，并通过各种类型的理论知识和专业技能练习题以及参考答案，为考生解析疑点、掌握重点、理解难点提供了具体指导。

另外，考生在阅读本《考试指南》时，一定要将《职业标准》《教程》等多种资料有机地结合在一起学习，尤其要知晓、明确本职业技能等级认定考核试卷的组卷原则、考核范围和试题特点，真正理解各项具体要求，把握要领。

二、命题依据、范围及原则

（一）命题依据与范围

企业人力资源管理师职业技能等级认定考试的命题依据是《职业标准》，命题范围是《教程》，并充分考虑到当前我国经济社会发展实际情况和企业人力资源管理工作对从业者在知识、技能和心理素质等多个方面的要求。

（二）命题原则

1. 命题的总体原则

（1）高等级的理论知识和技能要求覆盖低等级的理论知识和技能要求；

（2）注重基本知识和基本技能的理解与掌握，不出偏题和难题；

（3）考核内容要充分考虑我国企业生产经营、管理现状和发展趋势，以及企业人力资源管理师（四级）的特点和目前整体的管理水平。

2. 理论知识考试的命题原则

（1）实事求是地反映《职业标准》所提出的对企业人力资源管理师（四级）的各项要求；

（2）注重理论知识对职业技能的支撑作用，强调实际工作中必备的知识，避免理论化或学科化倾向；

（3）坚持科学性、适用性、一致性、通用性和先进性原则，既考虑到当前我国企业较高层次的人力资源管理人员的管理水平，又体现出理论知识的超前性。

3. 专业技能考核的命题原则

（1）强调实际专业技能的具体应用性，注重所考核内容在实际工作中的基础性和关键性作用；

（2）采用灵活多样化的方式，系统科学地组织专业技能考核命题，尽可能做到考核实施的可行性和有效性；

（3）尽可能地按照现代企业人力资源管理的要求，依据企业人力资源管理师（四级）岗位较多的现实情况和对应的岗位胜任特征，考察从业者的实际职业技能水平。

三、职业技能等级认定方法与题型

企业人力资源管理师各级别的职业技能等级认定考试，按照《职业标准》的要求分成三个部分。

第一部分理论知识的考试时间为 90 分钟，考试采用单选题（试题题干下有 A、B、C、D 四个选项，其中包含一个正确答案）与多选题（试题题干下有 A、B、C、D、E 五个选项，其中包含两个或两个以上的正确答案）两种类型的客观题目。

第二部分专业技能的考试时间为 120 分钟，考试采用简答题、计算题、综合分析题等类型的主观题目，其中，综合分析题通常以图表分析题、案例分析题、方案设计题等形式出现。

上述两部分的考试内容以《教程》中所涵盖相关知识和技能要求为主，适当覆盖低等级的相关知识和技能要求。考试涉及的各部分内容及其所占的比重，参见《考试指南》中的相关知识与技能要求认定要素细目表，以及《职业标准》中的“权重表”部分。

第三部分为综合评审。部分级别还需要进行综合评审，综合评审曾经采用文件筐的测试方法，对考生的专业综合能力进行测评，部分地区也曾采用论文答辩的形式。

四、考生在考前的复习方法

由于所有应试考生都是在职人员，平时忙于自己的本职工作，除在有限时间内进行一次专业的考前培训学习外，很难认真地对《职业标准》《教程》等进行系统、深入的研读，因此，对具有丰富实践经验的从业者来说，考前的系统复习是一个不容忽视的关键环节。如果考生能够全面理解本《考试指南》所列出的认定范围和各章节的认定点，系统掌握《教程》中所阐述的基本概念、基本原理、基本方法和基本技能，紧紧抓住企业人力资源管理师职业技能等级所必备的知识基础和相关知识的关键点，密切联系自己的专业实践经验和切身体会，深入探索企业人力资源管理的规律性，坚持从实践到认识、再从认识到实践的理性思考，一定能够事半功倍，取得理想的考试成绩。为此，提出以下几点意见和建议供考生参考。

1. 考前复习要做到全面、系统和深入，掌握重要的认定点。要想从容掌握所有的考试内容，取得较好的考试成绩，就应进行全面、系统、深入的复习。《教程》的内容较多，如果不进行系统、全面的复习，只凭主观押题或者只掌握若干支离破碎、缺乏系统性的知识，是很难通过考试的，因此，考生应通过全面的复习来熟悉《教程》的全部内容，并紧密结合系统的培训，逐步理清和把握《考试指南》中所列举的要点乃至重点。

2. 考前复习要注重理解，加强记忆。对专业知识和技能来说，只有真正理解其内涵和本质，才能更深刻地认识它。对应试考生来说，所有的理论知识不能不背诵、不记住，但是完全依靠死记硬背也不行。考生只有对《考试指南》中规定的认定范围内的各个认定点有深入的理解和认知，才能从容应对各种形式的考试。

另外，考生在复习过程中，一定要认真阅读《教程》的内容，并在理解的基础上进行重点记忆。当然，对一些重点概念和要点，适当地背诵、记忆也是非常必要的。

3. 考前复习要讲究方法，提高效率。考前复习不能没有重点和盲目进行，应讲究方法，提高复习的效率和效果。考生可以在全面复习、重点掌握的基础上，根据命题的视角与答题的要求，有针对性地掌握考试内容。从复习的时间阶段来说，第一阶段可安排全面复习；第二阶段可安排重点复习，巩固已复习的内容；第三阶段可安排模拟练习，进一步掌握考试内容。

4. 考前复习要劳逸结合，全力备考。考前要复习的内容很多，需要花费很大的精力，如果不注意劳逸结合，带着很大的压力和负担去复习，是很难取得理想的考试效果的，因此，考生在紧张的考前复习阶段，既要重视复习，也应在精神上放松，要减轻压力，建立信心，在此基础上，通过认真的复习，掌握考试内容。劳逸结合不是要考生不重视考试，而是让考生利用科学的方法，全力准备考试，力争通过考试。

五、应试技巧

考生要想取得理想的考试成绩，通过认真的学习和复习来掌握考试要求的知识、理论和技能是必要条件，但是掌握适当的应试技巧也是必不可少的。对于《考试指南》中介绍的应试技巧，如命题视角、答题要求和答题技巧等，考生在复习考试时也要给予高度重视。

（一）考试命题的视角

1. 选择题的命题视角

选择题包括单项选择题（简称单选题）和多项选择题（简称多选题）。选择题是标准化考试中最基本的题型，主要考查考生的记忆能力和理解能力，考查考生对一些基本概念、基本观点的掌握程度。选择题的命题视角主要包括：

（1）单选题

①基本概念。基本概念主要是指各种概念、定义的内涵。例如：

下列关于对绩效管理概念的叙述，正确的是（　　）。

A. 绩效管理的范围覆盖组织中大部分人员

B. 绩效管理可以按照公司、部门或小组的目标确定，但不能按照员工的个人目标确定

C. 绩效管理是企业生产经营活动正常运行的重要支持系统

D. 绩效管理首先要确定员工的行为规则

正确答案：C

②基本观点。基本观点主要是指常识性的、比较重要的观点。例如：

绩效考评的最后落脚点是（　　）。

A. 人员职位的变化　　B. 薪酬标准的确定

C. 员工绩效的改进　　D. 绩效面谈的开展

正确答案：C

③相近概念。一些相近（并列）的概念，内涵差别不是十分明显，外延也不易区别，容易“张冠李戴”的词与句，往往是比较好的出题素材。例如：

绩效管理与绩效考评的概念，既有明显的区别又存在十分密切的联系，正确的表述应当是（　　）。

A. 绩效考评是以绩效管理为基础的人力资源管理的子系统

B. 绩效考评是绩效管理的重要支撑点

C. 绩效管理为绩效考评的运行与实施提供了依据

D. 相比较而言，绩效考评更注重员工绩效与组织绩效的有机结合

正确答案：B

（2）多选题

①基本概念的外延，这是主要的题目来源之一。例如：

培训的配套激励制度主要包括（　　）。

A. 岗位任职资格制度　　B. 业绩考核制度

C. 岗位晋升制度　　D. 收入分配制度

E. 培训服务制度

正确答案：ABCD

②包含于一个命题中的并列从属项。多见于一些并列的性质、方法等。例如：

员工发展规划的合作性原则主要是考虑个人的目标与他人的目标是否具有（　　）。

A. 合作性　　B. 协调性

C. 一致性　　D. 具体性

E. 清晰性

正确答案：ABC

2. 简答题的命题视角

简答题的命题视角比较好掌握，主要包括企业人力资源管理的具体程序、方法、过程和步骤等。

【简答题举例】

例 1：制定人力资源规划有哪些步骤？

参考答案：

制定人力资源规划的步骤包括：

（1）调查、收集和整理涉及企业战略决策和经营环境的各种信息；

（2）根据企业或部门实际情况确定其人力资源规划期限；

（3）对未来的人力资源供求进行预测；

（4）制订人力资源供求协调的总计划和各项业务计划；

（5）对人力资源规划的过程和结果进行监督、评估、调整。

例 2：企业在制定岗位工资制度时，一般应该按照怎样的程序进行？

参考答案：

企业在制定岗位工资制度时，一般应该按照以下程序进行：

（1）根据员工薪酬结构中岗位工资所占比例以及薪酬总额确定岗位工资总额；

（2）根据企业战略等确定岗位工资的分配原则；

（3）进行工作岗位评价并确定薪酬等级数量以及划分等级；

（4）进行薪酬市场调查；

（5）根据企业薪酬策略确定薪酬等级，包括确定每个薪酬等级所有薪酬标准、薪酬等级之间的薪酬差距、每个薪酬等级的薪酬幅度、薪酬等级之间的重叠大小；

（6）确定具体计算办法。

3. 计算题的命题视角

计算题主要检验考生从事企业人力资源管理活动所应具有的基本计算能力，以及对各种数据进行处理和分析的水平。相对来说，计算题所考查的知识面比综合分析题要简单一些，因为计算题所涉及的题目都是企业人力资源管理师在日常工作中必须用到的数量分析方法，计算题的命题视角也基于此。

【计算题举例】

例 1：某企业岗位评价表见表 1。

表 1　　某企业岗位评价表

薪酬要素	权重（%）	等级				
		一	二	三	四	五
1. 知识经验	10	2	4	6	8	10
2. 对决策的影响	15	2	5	8	11	15
3. 监督管理	20	2	6	11	16	20
4. 职责	15	3	6	9	12	15
5. 解决问题的能力	15	2	6	10	15	—
6. 沟通	10	2	6	10	—	—
7. 工作环境	15	4	8	15	—	—
合计	100	—	—	—	—	—

说明：

（1）岗位评价总点值为 800 分，表中的权重是指薪酬要素占总点值的权重；

（2）岗位 A 经过评价，结果为：知识经验四等，对决策的影响三等，沟通一等，监督管理一等，职责四等，解决问题的能力四等，工作环境一等；

（3）岗位 B 经过评价，结果为：知识经验二等，对决策的影响一等，沟通一等，监督管理二等，职责二等，解决问题的能力二等，工作环境三等。

请计算岗位 A、B 的岗位评价结果。

本题是企业制定薪酬制度时，在工作岗位评价中所进行的简单计算。

参考答案：

岗位 A 的计算结果是：800 ×（0.08 + 0.08 + 0.02 + 0.02 + 0.12 + 0.15 + 0.04）= 800 × 0.51 = 408

岗位 B 的计算结果是：800 ×（0.04 + 0.02 + 0.02 + 0.06 + 0.06 + 0.06 + 0.15）= 800 × 0.41 = 328

例 2：某市基本养老保险企业缴费费率为 16%，个人为 8%；医疗保险企业缴费费率为 8%，个人为 2%；失业保险企业缴费费率为 0.5%，个人为 0.5%。某企业现有员工 10 人，每月工资情况见表 2。

表 2　某企业员工工资情况

工资（元）	6 000	5 000	4 000	3 000
人数（人）	1	3	4	2

问题：

（1）企业每月三项保险共需缴纳多少保险费？

（2）每名员工每月应该缴纳多少保险费？

本题主要是检验考生对福利保险缴费的简单计算能力。

参考答案：

（1）企业缴费计算结果如下：

企业工资总额为：6 000 + 5 000 × 3 + 4 000 × 4 + 3 000 × 2 = 43 000（元 / 月）

企业所缴纳的养老保险费为：43 000 × 16% = 6 880（元）

企业所缴纳的医疗保险费为：43 000 × 8% = 3 440（元）

企业所缴纳的失业保险费为：$43\,000 \times 0.5\% = 215$（元）

企业每月所缴纳的三项保险费总和为：$6\,880 + 3\,440 + 215$

$= 10\,535$（元）

（2）个人缴费见表 3。

表 3　　某企业员工缴纳保险费情况

员工工资（元 / 月）		6 000	5 000	4 000	3 000
员工缴费（元 / 月）	养老保险费	480	400	320	240
	医疗保险费	120	100	80	60
	失业保险费	30	25	20	15

此外还有一些认定点，比如在人力资源规划、招聘与配置、培训与开发等章节中包含着一定数量的计算分析题，请考生在复习时予以注意。

一般来说，本类题目的难度和复杂程度按照所认定的级别，由低级向高级逐步加大。

4. 图表分析题的命题视角

图表分析题是综合分析题的一种，与上述几种题型的命题视角大致相同，也是在企业人力资源管理师职业技能等级认定考试中，检测考生相关知识和专业技能水平的主要题型之一。它通常是给出一张或多张曲线图、直方图或结构图，或者是填有数据或文字描述的表格，并在题干中对图表所涉及的内容和已知条件作出具体说明，要求考生根据图表所给出的信息，针对该试题的提问，作出正确的回答。

图表分析题重点是检测考生对企业人力资源管理的基本原理和基本方法掌握的程度，以及某一方面专业技能所达到的水平。

【图表分析题举例】

例 1：图 1 是某公司的薪酬等级图，该公司处于正常发展至成熟阶段，A 是各等级典型岗位的市场薪酬曲线，B 是该公司各等级的平均薪酬曲线。

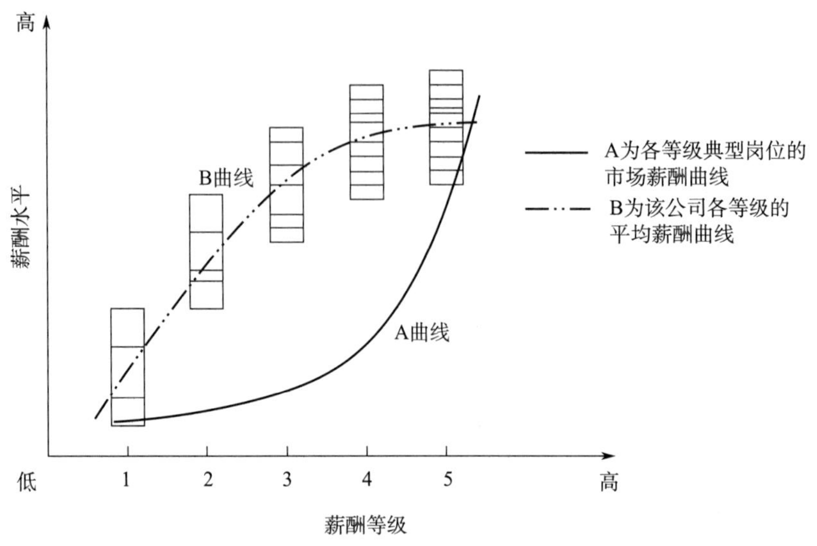

图 1　某公司薪酬等级图

请回答下列问题：

（1）该公司的薪酬曲线（B 曲线）有什么特点？会导致什么后果？

（2）该公司应当保持怎样的薪酬水平？

（3）如果要对该公司的员工薪酬制度进行调整，应从哪些方面入手？

参考答案：

（1）特点与后果：①该公司薪酬水平高于其他同类企业的平均水平；②低等级岗位之间的薪酬差距较大，而高等级岗位之间的薪酬差距较小；③这可能会导致人工成本过高，不利于企业取得竞争优势；④不利于激发高层人才的工作积极性。

（2）薪酬水平：该公司处于正常发展至成熟阶段，应采用接近或略高于市场平均水平的薪酬。

（3）如何对现存薪酬制度进行调整：①降低低等级岗位的平均薪酬水平，使其接近各等级岗位的市场薪酬水平，控制公司的总体人工成本；②缩小低等级岗位之间的薪酬差距，扩大高等级岗位之间的薪酬差距，岗位越高，差距应当越大，以保证薪酬的内部激励性；③低等级岗位的薪酬档次应当多一些，高等级岗位的薪酬档次应当少一些；④在调整时还要注意在同一薪酬等级中，高档次的薪酬差距要大一些，低档次的薪酬差距要小一些；⑤缩小低等级岗位的薪酬浮动幅度，扩大高等级岗位的薪酬浮动幅度，以达到不同岗位的最佳激励效果。

例 2：某企业人力资源部发现员工的离职率有所上升。他们在对以往自愿离职员工的离职面谈资料进行整理之后，形成了如图 2、图 3 和图 4 所示的统计结果。

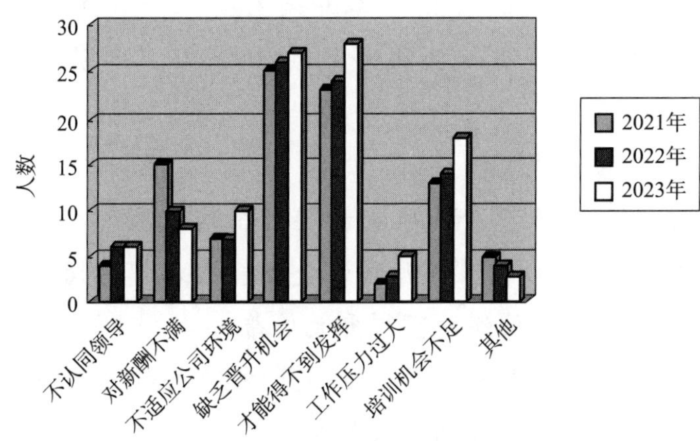

图 2 某企业 2021—2023 年员工离职原因分析

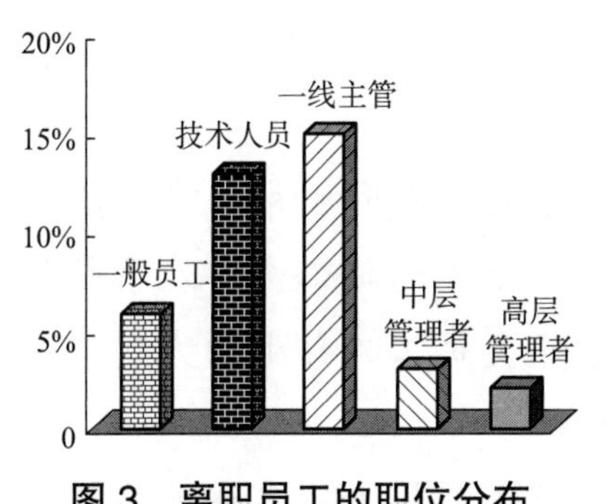

图 3 离职员工的职位分布

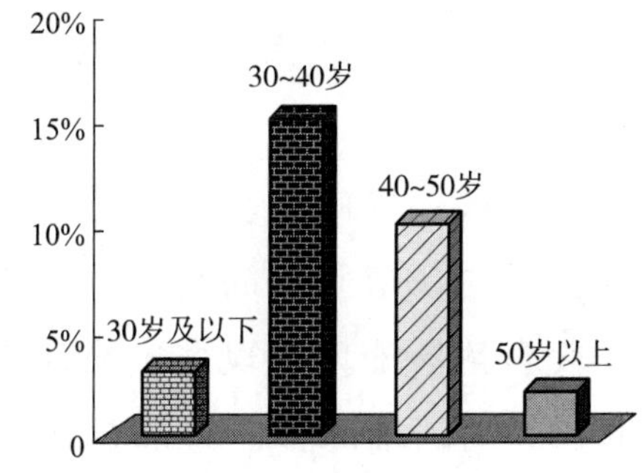

图 4 离职员工的年龄分布

请回答下列问题：

（1）导致该企业员工流失的主要原因是什么？请对流失员工的构成情况进行分析。

（2）采取哪些人力资源管理措施才能有效地解决目前存在的

问题？

参考答案：

（1）流失原因及流失员工的构成分析。

①由图 2 可见，该企业员工流失的主要原因是缺乏晋升机会、才能得不到发挥以及培训机会不足。因此，员工职业发展通路受阻以及培训与开发不够是该企业在保留员工过程中需要解决的主要问题。

②由图 3 可见，该企业员工流失主要以一线主管和技术人员为主。由图 4 可见，流失最多的是 30～40 岁的员工，其次为 40～50 岁的员工。

（2）解决问题建议。

①根据企业的人员分布状况和层级结构，制定人员的提升政策与规划。将有能力的人提升到适合其能力发挥的岗位上，激发员工的工作动机，也使组织获得更大效益。

②根据人—职匹配的原则，制定切实可行的人力资源配置制度与政策，充分发挥员工的特长与能力。

③加强对员工的培训。应特别加强员工未来发展以及后备员工填补职位空缺的培训。

④根据企业发展的整体规划，帮助员工制订职业生涯发展计划。

⑤根据不同成长周期员工面临的不同问题和需求，采取恰当的激励与保留员工的措施。基于该企业流失的员工主要处于成长阶段和饱和阶段的现实，应注意给予这类员工工作上的肯定，安排相关的训练课程，加深专业化的程度。

⑥定期进行员工的态度调查。及时了解员工的忠诚度与满意度，制定应对措施，以最大限度保留人才，特别是企业迫切需要的核心员工。

⑦根据企业人力资源的变动情况，预测人力资源供给与需求情况，制定相应的人员外部补充规划，最大限度地减少人才流失给企业造成的损失。

5. 案例分析题的命题视角

案例分析题的命题不是简单孤立地考核问题本身，而是考核考生对基本原理和方法的掌握程度以及综合应用能力。这类试题的命题视角一般体现在对企业人力资源管理重要的基本原理的理解，以及基本程序、方法的操作和运用上。为了帮助考生掌握本类题型答题的应试技巧，本部分的“考生应当如何应答案例分析题”对此做了详细的说明。

【案例分析题举例】

例1：某民营企业是从一家仅有几十名员工的小作坊式机电企业发展起来的，目前已拥有3 000多名员工，年销售额达几千万元，其组织结构属于比较典型的直线职能制形式。随着本行业的技术更新和竞争的加剧，高层领导者开始意识到，企业必须向产品多元化方向发展。其中一个重要的决策是转产与原生产工艺较为接近、市场前景较好的电信产品。恰逢某国有电子设备厂濒临倒闭，于是他们并购了该厂，在对其进行技术和设备改造的基础上，组建了电信产品事业部。

然而，企业在转型过程中的各种人力资源管理问题日益显现出来。除需要进行组织结构的调整之外，还需要加强企业人力资源管理的基础工作，调整不合理的人员结构，裁减一批冗余员工，从根本上改变企业人力资源管理落后的局面。

此外，根据购并协议安排在新组建的电信产品事业部工作的原厂18名中低层管理人员，与公司新委派来的12名管理人员之间的沟通与合作也出现了一些问题，例如双方沟通交往较少，彼此的信任程度有待提高，以及沟通中存在着障碍和干扰，导致了一些不必要的误会、矛盾，甚至是冲突的发生。他们希望公司能够通过一些培训来帮助他们解决这些问题。

请回答下列问题：

（1）与企业原来的直线职能制相比，新的电信产品事业部的组织结构形式具有哪些优点和缺点？

（2）在组织结构设计合理、科学化的基础上，企业应当采取哪些措施加强基础工作，使人力资源管理步入正确轨道？

（3）上级要求人力资源部设计一个培训方案，帮助电信产品事业部的管理人员加强沟通与合作。你认为此次培训适合采用哪些培训方法？应选择外部培训师还是内部培训师？为什么？

参考答案：

（1）事业部制的优点和缺点。

1）优点。

①权力下放，有利于最高管理层摆脱日常行政事务，集中精力于外部环境的研究，制定长远的、全局性的发展战略规划。

②事业部主管能自主处理日常工作，有助于增强责任感，发挥经营管理的主动性和创造性，提高企业经营的适应能力。

③事业部可集中力量从事某一方面的经营活动，实现高度专业化，整个企业可以容纳若干经营特点有很大差别的事业部，形成大型联合企业。

④各事业部经营责任和权限明确，物质利益与经营状况紧密挂钩。

2）缺点：容易造成组织机构重叠、管理人员膨胀现象；各事业部独立性强，考虑问题时容易忽视企业整体利益。

（2）在组织结构设计合理、科学化的基础上，企业应当加强以下基础工作：

1）在明确部门的业务分工、职责范围的基础上，确定工作岗位的划分，即定岗。

2）在工作定岗的基础上，核定各个岗位的工作任务量，提出企业定员标准。

3）进行系统的工作岗位分析，编写工作说明书，提出各类岗位的用人标准。

4）根据企业新的定岗、定员标准，对企业现有人员结构进行分析，提出中长期人力资源规划。

5）按照新的人力资源规划，健全完善企业各种人力资源管理的规章制度，逐步精干主体，分流富余人员。

（3）培训方法与培训师的选择。

1）在培训过程中适合采用的培训方法有案例分析、小组讨论、团队游戏、模拟训练法、角色扮演法、行为模拟法、拓展训练、头脑风暴法等。

2）培训师的选择：应选择外部培训师。由于考虑到原厂管理人员与公司新委派的管理人员的对立状况，外部培训师的立场比较中立，更容易被双方接受。

例2：A企业具有一种有别于其他跨国企业的“个性”：它强调“容”，只要不伤害它的核心价值观，一切不完美它似乎都可以包容。在A企业的中国分公司，谈及人员招聘与配置时，其中心思想就是“最佳组合”，主要体现在四个方面：一是人员招聘的来源，A企业在招聘时，主要是看一个人的才干在某一岗位上是否能够得到充分发挥，而不计较这个人是来自外企、国企还是民企；二是人员不同背景的搭配，例如人力资源部的员工有的来自IT业，有的来自制药业；三是性格的组合，A企业认为，只有性格内向和性格外向的人搭配起来，员工队伍才会有生气；四是性别上的组合，在A企业的中国分公司，目前男性员工占总数的60%，女性员工占总数的40%。

（1）请分析A企业“最佳组合”思想的特点。

（2）请结合你所在企业的实际情况，与A企业的案例进行比较，说明你所在企业应用A企业“最佳组合”模式的可能性，并作出详细的分析说明。

参考答案：

本题是某市曾经考过的一道案例分析题，以下答案供大家参考。

（1）通过对本案例的审读，我有以下一些认识：

1）A企业在人员招聘与配置方面的最佳组合理念是先进的，企业不拘一格的用人风格为企业内不同层次、不同背景员工的发展提供了更为广阔的空间，有利于企业吸收更多的人才，提高组织竞争力。

2）这种最佳组合思想适用于企业结构稳定、管理完善、员工能动性强、个人素质较高的理想状态环境。

3）A企业提出的“最佳组合”：不计来源、不计背景、不计性格、不计性别，只要是人才，就可以为我所用，且不同的人才可以达到最佳组合，这需要企业有“强大的”企业文化，企业的核心价值观被绝大部分员工认可并实践。

4）中国有句老话，“有容乃大”。只有能包容的人，才能有所作为；只有能包容的企业，才能有大的发展。A企业的“最佳组合”理念反映了它的企业特点。

5）要做到包容，企业内部必然要经过较长时间的磨合，包括员工的价值观、员工之间行为方面的冲突等。

6）这种理念的可操作性不强，容易产生为“最佳组合”而“最佳组合”的情况。这种招聘与配置思想的原则是人皆可为我所用，而实际工作中，绝对的“最佳组合”是不存在的。

7）不计人员的来源，不计人员的背景，不计人员的性格，会导致人员的文化、角色、价值观之间的冲突，并与企业文化相冲突。这就要求企业有一个良好的培训机制，使外来人员能够很快地融入本企业，认同本企业的核心价值观，否则可能导致本企业的文化受到冲击。

8）由于不计背景、学历、性格等，就对招聘人员提出了较高的要求，但他们对应聘者的主观判断可能会失误，在招聘中必须有一定的硬指标才容易操作。

9）“最佳组合”中未考虑员工的团队合作精神，“一个和尚挑水吃，两个和尚抬水吃，三个和尚没水吃”讲的就是这个道理。由于现在企业中团队合作、相互协调是企业成功的重要因素，因此在招聘中一定要考虑人员的团队合作精神，同时应考虑员工的性格特征、主观能动性等，否则就无法正确判断员工在所在岗位上的发展潜力，无法进行合理的岗位配置。

10）人员配置中不同性别的组合可能会丰富员工的工作环境，提高员工的工作积极性，但应考虑不同岗位对员工性格、性别的要求，例如销售岗位不应选择性格内向的员工，文秘、档案工作应选用细心的女员工等。

（2）我所在的企业，不可能照搬 A 企业的“最佳组合”思想，但还是可以在观念上借鉴：

1）人员招聘应根据人力资源规划和工作分析的要求，寻找、吸引合格人员并予以录用，通过网络、人才市场、内部招聘等方式，招聘来源上采用内部提升与外部招聘相结合的方式，为企业及时提供优秀的人才，既为内部员工的职业发展提供机会，又使企业了解新员工新的理念和方法。

2）合理的人力资源配置是企业人力资源管理状态良好的标志之一，人员配置应根据不同员工能力水平与性格的差异，遵循大才大用、小才小用，各尽其能、人尽其才的原则进行合理配置。根据人与事的关系、人的自身状况等要素，主要有以下五个方面的配置内容。

①人与事的总量配置分析。人与事的总量配置涉及人与事的数量关系是否对应，即有多少事，要有多少人去做，因此招聘人员应根据企业人力资源招聘的需求决定。

②人与事的结构配置分析。这是指合理使用人才，根据事情的难易程度，选拔具有相应能力的人去承担。

③人与事的质量配置分析。根据每种工作的难易程度及其对人员资格条件的要求，选拔具有相应能力的人去承担。

④人与工作负荷是否合理的状况分析。这是指保持工作负荷与员工承受能力相适应。

⑤人员使用的效果分析。这是指根据工作绩效的高低来分析人员的使用效果，进行合理调查。

3）我所在的企业是事业编制、企业管理的组织单位，正处于变革之中，本企业的特点是人员学历高，由于工作性质原因，不管是事业编制还是企业编制都有学历要求，而且考虑其教育、工作背景，如本企业与制药无关，不会考虑有医药背景的人士。

4）本企业对性格、性别的不同组合已经采用，将外向型人员放在销售岗位，将内向型人员放在生产岗位；男员工跑外的多，女员工在内生产的多。由于不同的性格、性别搭配得当，企业显得生机勃勃。

5）本企业考虑人员招聘的来源，如来自竞争对手的企业，则要考虑其离职的原因、员工工作情况和实际表现，避免出现“工业间谍”或录用不安定、不忠诚的员工给企业可能带来的损失。

6）加强企业文化建设，健全企业的各项规章制度，改善福利措施，建立和谐的工作环境，给员工以发展的空间，提高现有人员对企业的满意度，对外来人员产生吸引力。

7）加强培训，通过入职教育培训及各种活动，使外来人员认同本企业，融入企业之中，产生归属感。

8）A 企业的模式不具有普遍适用性，我所在的企业应考虑自身特点、本行业的特点及企业内外部情况等，取其精髓，为我所用。

6. 方案设计题的命题视角

方案设计题主要检验考生对企业人力资源管理的基本原理和基本方法，以及相关制度的基本内容、制定程序、执行过程等方面知识和技能的理解与掌握程度。简言之，就是检测考生运用企业人力资源管理的基本原理和基本方法，分析和解决实际工作中遇到的困难和问题的能力。

一般而言，方案设计题的题干为一个案例，题目要求考生在对案例中所存在的问题进行分析的基础上，提出具体的解决方案。

此外，方案设计题的另一个命题视角就是要求考生根据一定的情境和约束条件，提出实践性很强的工作计划，或者设计出具有可操作性的规章制度、劳动规范或管理标准，或者设计出一些日常管理中经常使用的调查统计表格，如招聘申请表、员工满意度调查表、企业薪酬调查表等。因此，方案设计题并不是单纯地考查考生对企业人力资源管理内容和程序的了解与记忆程度，而是考查其掌控和驾驭企业人力资源实践活动的管理能力。

【方案设计题举例】

例 1：某公司是一家小型企业，由于还在创业初期，将降低成本、提高销售额作为公司的总目标。由于业务繁忙，公司没有时间制定一套正式的、完整的绩效考评制度，只是由以前公司老总王某兼任人力资源总监，采取了一些补救措施，如他会不定期地对工作业绩好的员工提出表扬，并予以物质奖励，同时也会对工作不积极的员工提出批评；一旦员工的销售业绩连续下滑，他会找员工谈心，找缺陷、补不足，鼓励员工积极进取。

这几年公司发展非常迅速，规模已经由最初的十几个人发展到现在的上百人。随着规模不断扩大，管理人员和销售人员不断增加，问题也就出现了。员工的流失率一直居高不下，员工的士气也不高。王某不得不考虑是否该建立正式的绩效考评制度，以及如何对管理人员进行考评等问题。

请你论述该公司制定绩效考评制度的必要性，并为该公司的销售人员设计一套绩效考评方案。

参考答案：

（1）建立正式的绩效管理制度的必要性：有效的绩效评估和考评系统可以不断改进组织氛围，优化组织环境，持续激励员工，提高组织绩效。（详细论述略）

（2）销售人员的绩效考评方案如下：对销售人员的考评内容，以考评工作效果（结果）为主，重点放在员工的业绩和对公司的实际贡献上，考评的重点是工作业绩。因此，对销售人员的考评，应采用“效果（结果）主导型”，即按照工作成果进行考评的方法。

1）科学确定考评基础：工作要项以及要项的考评标准见表4。

表4　　某公司的考评标准表

工作要项	工作要项解释	权重（%）	要项的考评标准
销售任务完成率	实际销售数量与计划销售数量的比率	50	任务完成率每超（欠）1%，奖（扣）0.5分
资金回收率	实际回款数额与计划回款数额的比率	20	回款率每超（欠）1%，奖（扣）0.2分
市场占有率	个人负责区域内本公司产品销售数量占所有同类产品销售数量的比例	15	市场占有率比上一个考评周期每增（降）1%，奖（扣）0.5分

续表

工作要项	工作要项解释	权重（%）	要项的考评标准
成本费用率	员工完成的销售收入中，个人成本（包括员工工资、福利、出差补贴、公关费用）所占的比例	15	成本费用率比上一个考评周期每增（降）1%，奖（扣）0.5 分

2）考评实施：根据每个考评周期中销售人员各工作要项的实际完成情况，与考评标准进行对比，按照权重分别打分，并累加各工作要项的所得分数，得到每名销售人员的最终得分。根据最终得分，由上级主管对销售人员进行排序和强制分布，优秀、及格、尚待改进三部分的比例分别为 2∶7∶1。

3）绩效面谈和绩效改进计划的制订：根据绩效考评结果，通过及时的绩效面谈，表扬优点，指正缺点，对下一个考评周期的工作提供指导。

4）绩效结果的应用：将最终得分与销售人员的工资基数挂钩，计算出销售人员的工资、奖金；同时，总结分析绩效管理中存在的主要问题，提出有效的对策，或者针对销售人员存在的问题提出具体的培训计划。

例 2：请根据你所在单位的具体情况设计一份招聘申请表，并简述设计招聘申请表应注意的问题。

参考答案：

（1）在所设计的招聘申请表中应包含以下六项内容：

1）个人基本情况：年龄、性别、住处、通信地址、电话、婚姻状况、身体状况等；

2）求职岗位情况：求职岗位、求职要求（收入待遇、时间、住房等）；

3）工作经历和经验：以前的工作单位、职务、时间、工资、离职原因、证明人等；

4）教育与培训情况：学历、学位、所接受过的培训等；

5）生活和家庭情况：家庭成员姓名、关系、兴趣、个性等；

6）其他：获奖情况、能力证明、未来的目标等。

（2）设计招聘申请表应注意的问题：

1）根据工作说明书确定申请表的内容；

2）设计时应注意有关法律和政策；

3）考虑申请表的存储和检索等问题；

4）审查已有的申请表。

（二）考生在答题时需要注意的事项

如前所述，企业人力资源管理师（四级）职业技能等级认定考试包括单选题、多选题、简答题、综合分析题等多种题型。这就要求考生明确各种题型的答题要求，并掌握评分标准。

1. 单选题的答题要求是每小题的备选答案中，只有一个最符合题意。这就是说，每小题只能选一个答案，选两个以上将被视作错误，不得分。

2. 多选题的答题要求是每小题的备选答案中，有两个或两个以上符合题意的答案，错选或多选均不得分。例如，某小题有四个正确答案，考生从五个备选答案中选择了四个，其中三个是正确的，一个是错误的，那么所选的答案结果也不能得分。同样，多选、漏选不得分，也不扣分。

3. 简答题的答题要求是力求“简要”。考生在回答这类题目时，不应刻意追求完美，花费大量篇幅，作出过多阐述，而要根据试题的要求，准确、完整地抓住重点，突出要点，作出回答。

4. 综合分析题主要考查考生的职业技能。这类题目要求考生根据人力资源管理的有关原理和方法，对给定案例中存在的问题进行深入分析，紧密结合工作实际说明自己的具体意见，或提出切实可行的对策建议，或指出解决问题的途径和方法。一般来说，考生在回答此类问题时，需要综合运用相应级别《教程》中涉及的企业人力资源管理的原理、程序、步骤、工具和方法。

（三）答题技巧

1. 紧扣题目要求回答问题。选择题的得分在于回答问题的准确性，而简答题的回答就更要求把握答案的准确性、全面性和简要性，否则就不得分或得不到满分。

2. 回答内容要紧扣教材内容。一般情况下，试题中出现的概念或提法皆出自指定教材，模棱两可的、有争议的概念是不会出现的。而试题的答案肯定符合教材所阐述的概念、原理、原则等内容，因此选择题的一些干扰选项尽管看起来是对的，但如果不符合教材的观点，一定不是正确答案；而考生在回答各种技能题时，内容一定要来自教材，运用教材中所阐明的概念、理论与方法来答题。

3. 考生回答综合分析题时，要充分阅读、认真思考试题所提供的背景材料和已知条件，应首先把握试题的关键点，并在此基础上进一步运用已学过的基本概念、原理和方法，对已知数据资料和情境中存在的问题进行全面、深入的分析，最终提出科学合理的对策、方法、计划或方案。

4. 在答题时，考生一定要认真仔细。例如，选择题备选项中有许多相近相似的项目，具有很强的干扰、迷惑作用，考生可以采取比较法、排除法或筛选法，找出正确的答案。

企业人力资源管理师职业技能等级认定考生应如何应答综合分析题

综合分析题在企业人力资源管理师职业技能等级认定考试中占有较大的比重，成为检测考生对人力资源管理理论知识的理解和掌握程度，以及评判考生职业技能水平的重要形式，对此考生应给予足够的重视。

一、综合分析题的特点

综合分析题具有一定的典型性，并与所对应的理论知识或职业技能有直接联系。企业人力资源管理师（四级）认定考试中的综合分析题主要考查以下四个方面的人力资源管理问题：一是在工作实践中较难解决的问题；二是工作中经常发生的需要妥善解决的问题；三是须采取必要的措施和策略，今后尽可能避免再次发生的问题；四是对企业人力资源管理活动具有指导、借鉴意义，或给企业管理带来某些启示的问题。

综合分析题的设计反映了企业人力资源管理师（四级）的技能要求，题目可能包含企业人力资源管理某个特定范围内的若干个知识和技能认定点。试题采用文字描述的方式，对企业人力资源管理中的某些活动进行简单叙述，然后提出一些针对性的问题，这些问题往往是企业人力资源管理中的“要点”“热点”“疑点”“焦点”“难点”。

二、综合分析题的类型

综合分析题是让考生根据给定的案例情节，综合运用所学的理论知识和自身所掌握的技能，对某一专题进行诊断和剖析，以检测考生的专业技能水平和解决实际问题的能力。综合分析题大致可分为以下四种类型。

1. 描述评价型。这类题目只描述解决某种问题的全过程，包括实际后果，不论其成功或失败。这要求考生作“事后诸葛亮”，对案例中的具体做法进行事后剖析，然后提出具体的分析意见和改进建议，以测试考生对企业人力资源管理现存问题进行判断和剖析的能力。

2. 分析决策型。这类题目只介绍某一待解决的问题，要求考生分析并提出对策，用以检测考生对人力资源管理原理的认知程度以及人事决策的能力。

3. 方案设计型。这类题目给出具体的企业管理环境、条件和可供使用的资源，要求考生运用自身的才智，提出具体、切实可行的工作计划或方案，用以检测考生的实际操作能力和管理水平。

4. 图表分析型。这类题目给出人力资源管理工作中常见的一些图表，要求考生根据题干进行补充、填写，或对图表中所呈现出来的趋势、规律及问题进行分析，形成答案。

考生在答题时，应从企业人力资源管理的实际工作出发，以事实或数据为依据，通过分析案例、明确问题、探讨成因、提出备选方案以及找出最优化方案等多个具体分析步骤，最终完成答题。

应答综合分析题一般需要经过九个基本环节（见图 1），而题目也可以按照上述环节进行设计，并可以终止于九个环节中的任意一个环节。例如，若题目只设计到第三个环节，即阐述了相关问题产生的原因，留给考生去做的事便是“提出对策”。在这种情况下，考生首先要提出多种可供选择的方案或对策，然后再采用优选优化的方法，对备选的方案进行逐一权衡比较，从中找出最优的方案，最终作出正确的决策；如果案例的行文中列举了若干个管理问题，并列出主次，则“分析原因”这一环节是有待考生去做的，此时考生的任务便加重了，案例的分析难度也相应增加；如此逐步上溯到案例的开端，即题目只论述了企业人力资源管理的若干实践活动，要求考生根据头绪纷繁的工作环境、条件与情境找出存在的问题，这样题目的难度就更大了；如果给定案例中九个环节均已覆盖，即介绍了解决问题的全过程及其后果，也可以要求考生对案例做一番评论，这便是前面所介绍的“描述评价型”题目。

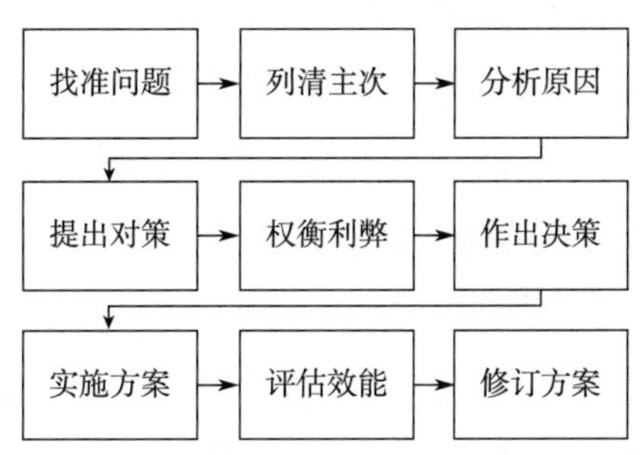

图 1　应答综合分析题的九个基本环节

三、如何应答综合分析题

首先，考生要审阅案例的内容和情节。

为弄清案例发生的背景和来龙去脉，需要采用 5W2H 的方法。先要提出 Who（何人）、When（何时）、Where（何地）、What（何事）、Why（为何）、How（如何做）、How much（费用）等一连串的疑问，从时间、空间、人物、过去、现在与未来等多维度、多视角提出问题，然后再认真思考，对提问逐一作出正确回答，真正把握案例实情。考生在分析案例发生的背景和隐含问题时，一定要注意文中的细节，认真对待案例中的人和事，设身处地“扮演”案例中高层管理者的角色，进入案例的情节之中。只有这样做，考生才能在掌握各种数据与资料的基础上，透过错综复杂的“案情”，准确地抓住问题的关键，认清事物的本质。

其次，考生应当根据正确的判断，提出具体的评析意见或者解决问题的对策。

1. 对于问题已经解决的事件，考生应当对事件作出系统、深入的分析和评价，即需要对“从问题的发生到解决的全部过程”进行剖析；对“事件解决途径，所运用的策略、方法、工具和实际效果”进行评估；对“事件所取得的经验和教训”作出理论上的总结和概括。在这里，考生应当充分表达自己的理解并提出具体对策，以展示自己的专业技能和水平。

2. 对于问题尚未解决的事件，考生不但要解析事件，指出其中的症结所在，还要针对事件的发展趋势作出必要的推断和预测。对于要求考生提出工作计划或实施方案的题目，考生应根据题意提出切实可行的计划和方案；对于要求考生提出问题解决方法的题目，考生应依据人力资源管理的理论知识，紧密结合自己的实践经验和工作体会，阐明自己的见解，提出翔实的对策建议。

最后，阐述本案例引发了自己什么样的思考，自己从中受到了什么样的启迪，得到了什么样的收获，并如何将这些经验、收获和体会运用到实际工作中去，最好能结合自身所在单位的实际工作进行对比分析，从而体现自己分析问题、解决问题的能力。

在撰写综合分析题的答卷时，考生还应当注重分析问题的系统性和深入性，分析思路的逻辑性和清晰性，行文层次结构的条理性和严谨性，运用所学理论知识的针对性和适用性，以及语言表达的准确性和流畅性。

企业人力资源管理师（四级）相关知识与技能要求认定要素细目表

相关知识认定总比重（%）	75	技能要求认定总比重（%）	100
第一章　人力资源规划			
认定范围	人力资源规划		
相关知识认定比重（%）	12～16	技能要求认定比重（%）	14～20
序号	认定点		重要程度
第一节　企业人力资源规划信息的采集与处理			
1.1.1	企业人力资源规划的概念和分类		X
1.1.2	企业人力资源信息的一般特点		X
1.1.3	企业人力资源规划信息采集和处理的基本原则		X
1.1.4	企业人力资源规划信息采集的程序		X
1.1.5	企业人力资源规划信息采集的方法		X
1.1.6	企业人力资源规划信息的处理		X
第二节　企业员工与工时统计			
1.2.1　第一单元　企业员工统计			
1.2.1.1	企业员工的分类		Y
1.2.1.2	企业员工的统计		Z
1.2.1.3	员工平均人数统计		X
1.2.1.4	员工结构统计		X
1.2.2　第二单元　工时利用统计			
1.2.2.1	工作时间的概念和种类		X
1.2.2.2	工作时间统计的意义		Y
1.2.2.3	工作时间的构成		X
1.2.2.4	工作时间的核算		X
1.2.2.5	工作时间利用程度分析		X

续表

序号	认定点	重要程度
第三节　工作岗位调查		
1.3.1　第一单元　工作岗位调查方式		
1.3.1.1	工作岗位研究概述	X
1.3.1.2	工作岗位研究的原则	X
1.3.1.3	工作岗位调查	X
1.3.1.4	工作岗位调查的方式	X
1.3.2　第二单元　工作岗位调查方法		
1.3.2.1	使用调查表格的要求	X
1.3.2.2	工作岗位写实	X
1.3.2.3	作业测时	X
1.3.2.4	岗位抽样	X
1.3.2.5	工作岗位调查的其他方法	Y
第四节　企业劳动定额管理		
1.4.1　第一单元　劳动定额的基本形式		
1.4.1.1	劳动定额的基本概念	X
1.4.1.2	劳动定额的种类	X
1.4.1.3	劳动定额管理工作的内容	Y
1.4.1.4	工时定额和产量定额的换算	X
1.4.2　第二单元　劳动定额及其管理制度的制定		
1.4.2.1	劳动定额的影响因素	X
1.4.2.2	制定劳动定额的依据	X
1.4.2.3	制定劳动定额的要求	X
1.4.2.4	劳动定额制定方法的评价	X
1.4.2.5	劳动定额管理制度的制定	X
1.4.2.6	企业制定劳动定额的基本方法	X
1.4.2.7	统计定额的制定	X
1.4.2.8	劳动定额管理制度的起草	Y
1.4.3　第三单元　工时消耗分类、代号和定额构成		
1.4.3.1	工时消耗的概念	Y
1.4.3.2	工时消耗的分类与代号	X
1.4.3.3	产品单件工时定额的基本构成	X

续表

序号	认定点		重要程度
1.4.3.4	不同生产条件下工时定额的构成		X
第五节　人力资源费用预算与核算			
1.5.1　第一单元　人力资源费用的预算			
1.5.1.1	企业人力资源费用的构成		X
1.5.1.2	企业人力资源费用预算的原则		X
1.5.1.3	人工成本预算编制的程序和方法		X
1.5.1.4	人力资源管理费用的预算编制		X
1.5.2　第二单元　人力资源管理费用的核算			
1.5.2.1	人力资源管理费用核算的要求		Y
1.5.2.2	人力资源管理行为失误的成本		Y
1.5.2.3	人力资源管理费用的核算		X
第二章　招聘与配置			
认定范围	招聘与配置		
相关知识认定比重（%）	12 ~ 16	技能要求认定比重（%）	14 ~ 20
序号	认定点		重要程度
第一节　人员招聘与信息发布			
2.1.1　第一单元　人员招聘方式和来源的选择			
2.1.1.1	人员招聘与配置的概念		X
2.1.1.2	人员招聘的意义		X
2.1.1.3	企业人员补充的来源		X
2.1.1.4	竞聘上岗		X
2.1.1.5	人员招聘面临的问题		Y
2.1.1.6	人员招聘的基本程序		X
2.1.1.7	企业选择人员招聘来源的方法和步骤		X
2.1.1.8	企业人员内、外部招聘的主要来源		X
2.1.1.9	竞聘上岗的程序和步骤		X
2.1.2　第二单元　招聘需求信息的采集和整理			
2.1.2.1	招聘需求信息发布的范围、时间、渠道与方式		X
2.1.2.2	招聘需求信息的产生与采集		X
2.1.2.3	招聘需求信息的整理		Z

续表

序号	认定点	重要程度
2.1.3　第三单元　招聘需求信息的发布与广告设计		
2.1.3.1	招聘广告的一般特点	Y
2.1.3.2	招聘广告的设计原则	Y
2.1.3.3	招聘广告的基本结构	Y
2.1.3.4	招聘需求信息发布渠道和方式的选择	X
2.1.3.5	招聘广告的设计	X
2.1.3.6	选择报纸刊登招聘广告的程序和方法	Y
2.1.3.7	招聘广告的案例分析	Z
2.1.4　第四单元　应聘申请表设计		
2.1.4.1	应聘申请表的特点	Y
2.1.4.2	应聘申请表的内容	X
2.1.4.3	应聘申请表的设计与应用	X
2.1.5　第五单元　企业简介的编写		
2.1.5.1	企业简介的功能	Y
2.1.5.2	编写企业简介的原则	Y
2.1.5.3	编写企业简介的步骤	X
第二节　企业应聘人员的选拔		
2.2.1　第一单元　应聘人员初步选拔的程序		
2.2.1.1	应聘人员选拔的意义	Y
2.2.1.2	简历与申请表的差异性	Y
2.2.1.3	人员选拔的主要步骤	X
2.2.1.4	材料筛选法	X
2.2.2　第二单元　应聘人员的背景调查与体检		
2.2.2.1	背景调查的意义	Y
2.2.2.2	背景调查的内容	X
2.2.2.3	背景调查的原则	X
2.2.2.4	背景调查的方法	X
2.2.2.5	背景调查的时机把握	Y
2.2.2.6	背景调查应关注的几个重要问题	X
2.2.2.7	假文凭的识别	X
2.2.2.8	应聘人员的体检	Z

续表

序号	认定点	重要程度
第三节　校园招聘的组织实施		
2.3.1	校园招聘的概念	Y
2.3.2	选择学校的考虑因素	X
2.3.3	校园招聘的方式	X
2.3.4	校园招聘的特点	X
2.3.5	校园招聘可能出现的困难和问题	X
2.3.6	校园招聘的流程	X
2.3.7	编写校园招聘记录表	Y
第四节　企业新员工录用管理		
2.4.1　第一单元　新员工的录用与培训		
2.4.1.1	员工录用的原则	X
2.4.1.2	通知录用者	X
2.4.1.3	劳动合同的签订	X
2.4.1.4	新员工的培训	X
2.4.2　第二单元　企业员工的信息管理		
2.4.2.1	员工信息管理系统的构建	X
2.4.2.2	员工信息管理的作用	Y
2.4.2.3	员工信息管理的内容	X
2.4.2.4	新员工信息的收集	X
2.4.2.5	员工信息管理的步骤和方法	Y

第三章　培训与开发

认定范围	培训与开发		
相关知识认定比重（%）	12～16	技能要求认定比重（%）	14～20

序号	认定点	重要程度
第一节　企业员工培训与开发的作业流程与计划设计		
3.1.1　第一单元　企业员工培训与开发的作用流程		
3.1.1.1	企业员工培训与开发的内涵	X
3.1.1.2	企业员工培训与开发系统的作业流程	X
3.1.2　第二单元　企业员工培训与开发计划的初步设计		
3.1.2.1	企业员工培训与开发计划的概念和种类	X
3.1.2.2	企业员工培训与开发计划的地位和作用	X

续表

序号	认定点	重要程度
3.1.2.3	企业员工培训与开发计划的设计要求	X
3.1.2.4	员工培训与开发计划信息的采集	X
3.1.2.5	员工培训与开发计划设计的主要内容	X
3.1.2.6	制订员工培训与开发计划的依据	X
3.1.2.7	企业员工整体培训与开发计划的初步设计	X
第二节　企业员工培训的需求分析		
3.2.1	培训需求的产生	X
3.2.2	培训需求分析的含义与作用	X
3.2.3	培训需求信息的采集与分析	X
3.2.4	培训需求分析的一般程序	X
3.2.5	利用技术模型分析培训需求	X
3.2.6	培训需求分析的具体程序、步骤和方法	X
3.2.7	员工培训需求分析应把握的关键点	X
3.2.8	培训需求的组织评估与确认	X
第三节　企业员工培训的分类设计		
3.3.1　第一单元　岗前培训		
3.3.1.1	员工培训的分类	X
3.3.1.2	岗前培训的基本理论	X
3.3.1.3	岗前培训的内容	X
3.3.1.4	员工手册的构成	X
3.3.1.5	岗前培训的实施方法	Y
3.3.1.6	岗前培训的步骤	X
3.3.2　第二单元　在岗培训		
3.3.2.1	在岗培训的类别	X
3.3.2.2	在岗培训的内容	X
3.3.2.3	在岗培训实施用表	Y
3.3.2.4	培训现场的具体要求	Z
3.3.2.5	在岗培训计划的制订	X
3.3.2.6	在岗培训的设计	X
3.3.3　第三单元　脱产培训		
3.3.3.1	脱产培训的类型	X
3.3.3.2	脱产培训的审批	Y

续表

序号	认定点	重要程度
3.3.3.3	脱产培训效果的评估	Y
3.3.3.4	培训合同的签订	Z
3.3.4　第四单元　课堂培训		
3.3.4.1	课堂培训方法的种类	X
3.3.4.2	影响课堂培训效果的因素	Y
3.3.4.3	教室布置的决定因素	Y
3.3.4.4	课堂培训的准备工作	Y
3.3.4.5	培训教室的布置方法	X
3.3.4.6	讲授法的应用	X
3.3.4.7	研讨法的应用	X
3.3.4.8	案例分析法的应用	X
3.3.5　第五单元　现场培训		
3.3.5.1	现场培训的内容	Y
3.3.5.2	现场培训的对象	Y
3.3.5.3	现场培训的方法	X
3.3.5.4	适应性现场培训的程序	X
3.3.5.5	以改善绩效、培养人才为目的的现场培训程序	X
3.3.6　第六单元　自学		
3.3.6.1	自学的适用范围	Y
3.3.6.2	自学的优点和缺点	Y
3.3.6.3	自学的组织方式与步骤	X
3.3.6.4	人力资源部门对自学的管理	Z
第四节　企业培训经费核算与控制		
3.4.1	培训成本的概念	X
3.4.2	培训成本的构成	X
3.4.3	采集培训成本信息的意义	Y
3.4.4	培训成本信息的采集	X
3.4.5	核算员工培训成本的方法	X
3.4.6	培训经费预算方案的编制	X
3.4.7	培训成本收益的分析	Y
3.4.8	培训项目收费标准的核算	X

续表

序号	认定点		重要程度
第四章　绩效管理			
认定范围	绩效管理		
相关知识认定比重（%）	12 ~ 16	技能要求认定比重（%）	14 ~ 20
序号	认定点		重要程度
第一节　绩效考评的前期准备			
4.1.1	绩效及其特点		X
4.1.2	绩效管理的概念		X
4.1.3	绩效管理的目的		X
4.1.4	绩效管理的功能		X
4.1.5	绩效管理系统概述		X
4.1.6	绩效管理系统与其他子系统的关系		X
4.1.7	绩效考评指标及关联要素		X
4.1.8	绩效考评指标及关联要素的描述		X
4.1.9	绩效考评指标权重的计算		X
4.1.10	绩效考评表格的应用		X
第二节　绩效信息的采集			
4.2.1	绩效考评的特点和作用		Y
4.2.2	绩效信息的作用和来源		X
4.2.3	绩效信息的采集		X
4.2.4	绩效信息失真及处理		X
第三节　绩效考评结果的计算			
4.3.1	绩效考评得分方法的种类和特点		X
4.3.2	确定绩效考评等级方法的种类和特点		X
4.3.3	绩效考评结果的计算		X
4.3.4	绩效管理的总结		Y
4.3.5	绩效管理文档的保管		Z
第五章　薪酬管理			
认定范围	薪酬管理		
相关知识认定比重（%）	12 ~ 16	技能要求认定比重（%）	14 ~ 20
序号	认定点		重要程度
第一节　薪酬信息采集			
5.1.1　第一单元　企业薪酬管理外部信息采集			

续表

序号	认定点	重要程度
5.1.1.1	薪酬的基本概念	X
5.1.1.2	薪酬管理	X
5.1.1.3	薪酬管理制度	X
5.1.1.4	薪酬信息	X
5.1.1.5	外部薪酬信息	X
5.1.1.6	外部薪酬信息的来源	Y
5.1.1.7	外部薪酬信息采集的范围	X
5.1.1.8	外部薪酬信息采集的方法	X
5.1.2　第二单元　企业薪酬管理内部信息采集		
5.1.2.1	薪酬政策信息	Y
5.1.2.2	薪酬基础信息	X
5.1.2.3	结果类信息	X
5.1.2.4	企业薪酬信息的管理方式	X
5.1.2.5	内部薪酬信息采集的原则	X
5.1.2.6	内部薪酬信息采集的步骤	Y
5.1.2.7	内部薪酬信息采集的方法	X
第二节　薪酬统计分析		
5.2.1　第一单元　薪酬形式和计算方法		
5.2.1.1	薪酬形式	X
5.2.1.2	薪酬形式的种类	X
5.2.1.3	不同薪酬形式的具体计算方法	X
5.2.1.4	个人所得税的计算	X
5.2.1.5	编制工资表	Y
5.2.2　第二单元　工资总额与平均工资的统计分析		
5.2.2.1	工资总额的概念	X
5.2.2.2	工资总额管理的主要内容	X
5.2.2.3	工资总额动态指标分析	X
5.2.2.4	平均工资指数分析	X
5.2.2.5	薪酬核算的技巧	Y
第三节　员工福利费用核算		
5.3.1　第一单元　社会保险缴费核算		

续表

序号	认定点		重要程度
5.3.1.1	员工福利的含义与分类		X
5.3.1.2	员工福利的作用		Y
5.3.1.3	社会保险的基本内容		X
5.3.1.4	基本社会保险费的计算		X
5.3.1.5	社会保险费申报与缴纳		X
5.3.1.6	住房公积金的计算		X
5.3.1.7	由政府劳动保障部门管理的大额医疗费用互助制度		Y
5.3.1.8	员工福利费用的提取		Y
5.3.2　第二单元　建立工资福利与社会保险台账			
5.3.2.1	台账的含义		Y
5.3.2.2	建立工资台账		Z
5.3.2.3	建立福利台账		Z
5.3.2.4	建立社会保险基金台账		Z
第六章　劳动关系管理			
认定范围	劳动关系管理		
相关知识认定比重（%）	12～16	技能要求认定比重（%）	14～20
序号	认定点		重要程度
第一节　企业劳动关系的确立与调整			
6.1.1　第一单元　劳动关系的调整方式			
6.1.1.1	劳动关系的含义		X
6.1.1.2	劳动关系的特征		X
6.1.1.3	劳动法律关系		X
6.1.1.4	劳动法律关系的特征		X
6.1.1.5	劳动关系管理与员工关系管理的含义		X
6.1.1.6	劳动关系的调整方式		X
6.1.2　第二单元　人员招聘应遵守的法律规制			
6.1.2.1	劳动就业的概念		Y
6.1.2.2	企业招聘录用新员工应遵循的法规		X
6.1.2.3	保证招工简章、招聘广告的合规性		X
6.1.2.4	外国人在中国就业管理规定		X

续表

序号	认定点	重要程度
6.1.2.5	应用案例分析	Z
6.1.3　第三单元　劳动合同的订立和履行		
6.1.3.1	劳动合同的含义与特点	X
6.1.3.2	劳动合同的内容	X
6.1.3.3	劳动合同订立的原则	X
6.1.3.4	劳动合同的履行	X
6.1.3.5	订立劳动合同的程序	X
6.1.3.6	法人授权书	X
6.1.3.7	订立劳动合同的注意事项	X
6.1.3.8	无效劳动合同	X
6.1.3.9	劳动合同的续订	X
6.1.3.10	应用案例分析	Z
第二节　劳动合同的变更、解除、终止与管理		
6.2.1　第一单元　劳动合同的变更、解除和终止		
6.2.1.1	劳动法律事实	X
6.2.1.2	劳动合同的变更	X
6.2.1.3	劳动合同的解除	X
6.2.1.4	劳动合同的终止	X
6.2.1.5	解除或终止劳动合同的经济补偿	X
6.2.1.6	注意事项	Y
6.2.1.7	应用案例分析	Z
6.2.2　第二单元　企业员工劳动合同的管理		
6.2.2.1	劳动合同管理的概念	X
6.2.2.2	职业分类的内容	Y
6.2.2.3	劳动合同台账	Y
6.2.2.4	劳动合同文档的分类管理	Y
6.2.2.5	特殊岗位资格证书制度	Y
第三节　劳动安全卫生管理		
6.3.1	劳动安全技术规程	X
6.3.2	劳动卫生规程	X
6.3.3	劳动安全卫生管理制度	X

续表

序号	认定点	重要程度
6.3.4	女职工劳动保护制度	X
6.3.5	国家对女职工禁忌从事劳动范围的规定	X
6.3.6	未成年工特殊保护制度	X
6.3.7	应用案例分析	Z
	第四节　劳动保障监察	
6.4.1	劳动保障监察概述	X
6.4.2	劳动保障监察的职责与事项	X
6.4.3	劳动保障监察的实施	X
6.4.4	应用案例分析	Z

注：在认定要素细目表中，每个认定点都有其重要程度指标，其中 X 代表核心要素，属于考生应掌握的重要认定点；Y 代表一般要素，属于考生应熟悉和理解的较为重要的认定点；Z 代表辅助要素，属于考生应了解的最低层次的认定点。

第二篇 辅导练习

第一章　人力资源规划

基本内容与要求

一、基本内容

本章主要介绍了企业人力资源规划信息的采集与处理、企业员工与工时统计、工作岗位调查、企业劳动定额管理、人力资源费用预算与核算。具体内容包括：企业人力资源规划信息的采集与处理；企业员工统计；工时利用统计；工作岗位调查方式；工作岗位调查方法；劳动定额的基本形式；劳动定额及其管理制度的制定；工时消耗分类、代号和定额构成；人力资源费用的预算；人力资源管理费用的核算。

二、学习要求

1. 掌握企业人力资源规划的概念与内容、企业人力资源信息的概念与特点，以及采集和处理信息的工作程序和基本方法。

2. 熟悉企业员工的分类与统计的基本方法。

3. 掌握工作时间统计的方法；掌握工作时间的概念和种类、工作时间的构成。

4. 掌握工作岗位研究的基本概念和基本原则，能够利用各种具体方式进行工作岗位调查。

5. 掌握各种工作岗位调查方法的内容，以及具体的工作程序和实施步骤。

6. 掌握劳动定额的概念和种类，熟悉劳动定额管理工作的内容，掌握工时定额和产量定额的换算方法。

7. 掌握劳动定额的影响因素、制定劳动定额的依据和要求，以及各种劳动定额制定方法的优缺点和企业制定劳动定额的基本方法。

8. 熟悉企业员工工时消耗的概念；掌握工时消耗的分类与代号、产品单件工时定额的基本构成，以及在不同生产条件下单件产品工时定额的各种具体核算方法。

9. 掌握企业人力资源费用的构成和预算原则，以及人工成本预算编制的程序与方法。

10. 熟悉人力资源管理费用核算的要求和人力资源管理行为失误的成本，掌握人力资源管理费用的核算方法。

辅导练习

一、选择题

（一）单选题

1.（　　）的企业人力资源规划是指为了实现企业总体发展战略和生产经营的总目标，而实现人力资源有效配置的过程。

A. 广义　　B. 狭义

C. 复杂　　D. 简单

2. 长期的企业人力资源规划一般在（　　）年以上。

A. 5　　B. 6

C. 7　　D. 8

3.（　　）事关全局，是各种人力资源具体计划的核心。

A. 战略规划　　B. 组织规划

C. 制度规划　　D. 人员规划

4. 企业人力资源规划信息的采集步骤如下：①非正式调研；②正式调研；③初步情况分析；④确定调研目标。下列选项中，排序正确的是（　　）。

A. ③①②④　　B. ③①④②

C. ①③④②　　D. ③④①②

5. 企业人力资源规划信息分析不包括（　　）。

A. 可靠性分析　　B. 数理统计分析

C. 综合比较分析　　D. 财务报表分析

6. 使用SWOT法对企业组织信息进行分析，其中“O”表示（　　）。

A. 组织的优势　　B. 组织面临的机会

C. 组织的劣势　　D. 组织面临的威胁

7.（　　）是指对假设的调研主题展开调查，发现新问题，淘汰旧问题，探求真正的问题所在。

A. 非正式调研　　B. 正式调研

C. 渐进式调研　　D. 假设调研

8. 会议调查询问法的缺点不包括（　　）。

A. 耗时长、成本高　　B. 被调查者不能充分发表见解

C. 受时间、地点限制　　D. 被调查者易受他人影响

9. 采集内容复杂多变，被调查者比较集中、固定，但调查地点可变时，应运用（　　）采集信息。

A. 邮寄调查法　　B. 行为记录法

C. 电话调查法　　D. 直接观察法

10. 撰写企业组织信息调研报告时，无须坚持（　　）。

A. 真实原则　　B. 及时原则

C. 完整原则　　D. 客观原则

11. 企业员工统计包括（　　）。

A. 人数统计和学历统计　　B. 人数统计和职位统计

C. 学历统计和职位统计　　D. 人数统计和结构统计

12.（　　）是指一定时期内对整个企业或某个部门每天在职员工总人数的统计。

A. 员工总数统计　　B. 平均人数统计

C. 企业员工结构统计　　D. 整体人数统计

13. 下列关于月平均人数的说法，不正确的是（　　）。

A. 月平均人数是指计算月内平均每天拥有的人数

B. 公休日和节假日的人数按前一天的人数计算

C. 月平均人数的统计是结构统计的基础和前提

D. 对人员增减很小的企业来说，月平均人数可按月初加月末之和除以 2 求得

14. 下列关于年平均人数的统计公式，正确的是（　　）。

A. 年平均人数 = 年内 12 个月平均人数之和 /12

B. 年平均人数 = 年内 12 个月平均人数之和 /365

C. 年平均人数 = 年内四个季度平均人数之和 /12

D. 年平均人数 = 年内平均每天实际人数之和 /360

15. 工作时间统计的意义不包括（　　）。

A. 为合理安排作业计划和定岗定员提供依据

B. 为企业产品成本核算提供依据，为提高工作效率提供依据

C. 为合理发放工作报酬、考核、奖励、晋升提供依据

D. 为给员工作出评价提供依据

16.（　　）是指法定工作时间，反映出能利用的工作时间的最大值。

A. 生产时间　　B. 制度工作时间

C. 出勤时间　　D. 实际工作时间

17. 由于等待图纸和设计更改等原因，造成员工无法从事生产作业活动的时间属于（　　）。

A. 非生产时间　　B. 缺勤时间

C. 制度内从事本职劳动时间　　D. 停工时间

18. 下列关于制度工时利用率指标的计算方法，不正确的是（　　）。

A. 制度工时利用率 = 作业率 × 出勤率

B. 制度工时利用率 = 出勤率 × 出勤时间利用率

C. 制度工时利用率 = 实际工作工时总数 / 出勤工作工时总数 × 100%

D. 制度工时利用率 = 实际工作工时总数 / 制度工作工时总数 × 100%

19. 下列关于工作月利用率指标的计算方法，不正确的是（　　）。

A. 制度工时利用率 / 工作日利用率

B. 实际工作工时总数 / 制度工作工时总数

C. 制度工作月实际长度 / 制度工作月规定长度

D.（制度内实际工作日总数 / 全月平均人数）/ 制度工作月规定长度

20. 工作岗位研究的原则不包括（　　）。

A. 系统性原则　　　　　　B. 标准化原则
C. 经济性原则　　　　　　D. 最优化原则

21.（　　）是根据岗位的性质和特点，对岗位员工全部的工作任务和工作责任，从时间、空间上所作出的界定。

A. 职位　　　　　　B. 任务
C. 职责　　　　　　D. 工作要素

22.“工作”和“职业”的主要区别是（　　）。

A. 性质不同　　　　　　B. 内容不同
C. 对象不同　　　　　　D. 范围不同

23.（　　）是统计抽样法在工作岗位调查中的具体运用。

A. 岗位写实　　　　　　B. 作业测时
C. 岗位抽样　　　　　　D. 观测法

24. 若企业规模较大，岗位设置繁杂，进行岗位调查时应采用（　　）。

A. 现场观测法　　　　　　B. 面谈法
C. 书面调查法　　　　　　D. 以上三种方法综合

25. 工作岗位写实是按（　　）的顺序，对某一岗位的员工在整个工作日内的工作活动情况进行观察记录和分析的一种方法。

A. 时间消耗　　　　　　B. 工作日
C. 工作进度　　　　　　D. 工作难度

26. 工作岗位写实的原则不包括（　　）。

A. 写实人员应善待被观察者
B. 写实人员一般是上级主管
C. 写实人员不可向被观察者任意发号施令
D. 写实人员应循循善诱，积极引导被观察者

27.（　　）是以工序或某一作业为对象，按照操作顺序进行实地观察记录，研究作业活动的一种方法。

A. 岗位写实　　　　　　B. 岗位抽样
C. 作业测时　　　　　　D. 活动记录法

28. 下列关于岗位写实与作业测时的表述，不正确的是（　　）。

A. 后者可以作为制定时间定额的依据

B. 后者为人力资源费用预算提供依据

C. 前者是为了掌握与岗位有关的数据

D. 后者的实施要取得员工的配合

29. 下列关于工作岗位写实的说法，不正确的是（　　）。

A. 是工作岗位调查的基本方法之一

B. 写实范围可以是个人或集体

C. 对象可以是员工，也可以是设备

D. 主要研究的是工时消耗情况

30. 下列关于岗位抽样的说法，不正确的是（　　）。

A. 观测次数就是岗位抽样的样本数

B. 样本数量越少，测量结果可靠性越低

C. 观测时刻的总时限应以周为单位

D. 抽样时不需使用秒表或其他计时工具

31. 下列关于填写工作岗位调查表的注意事项，表述不正确的是（　　）。

A. 应指出完成各项工作所需的时间

B. 应指出最困难的、最重要的工作

C. 描述工作内容时，文字越多越好

D. 应指出本岗位与其他岗位的关系

32. 劳动定额是在一定条件下制定的，不能脱离具体的生产、技术和（　　）。

A. 劳动态度　　B. 组织条件

C. 生产专业知识　　D. 文化水平

33.（　　）是指在日常生产和管理中具体实行的劳动定额。

A. 设计定额　　B. 计划定额

C. 现行定额　　D. 不变定额

34. 下列不属于劳动定额的表现形式分类的是（　　）。

A. 时间定额　　B. 产量定额

C. 工资定额　　D. 看管定额

35.（　　）是劳动定额的两种基本表现形式。

A. 工时定额和产量定额　　B. 工时定额和计划定额

C. 产量定额和企业定额　　D. 产量定额和计划定额

36. 下列不属于评价和衡量企业劳动定额贯彻实施标准的是（　　）。

A. 劳动定额面的大小

B. 各职能部门是否按照劳动定额组织企业的生产经营管理

C. 是否做到了“日清月结”

D. 搜集统计数据

37. 某企业上个季度的工时定额下降20%，那么相应的产量定额提高率为（　　）。

A. 25%　　B. 30%

C. 50%　　D. 80%

38. 高技能等级工人做低技能水平工作，低技能等级工人却做高技能水平工作，这种分配的存在会影响到工作。这说明（　　）是劳动定额的影响因素。

A. 与劳动力的配置与组织有关的因素

B. 与设备、工具有关的因素

C. 与工作地有关的因素

D. 一次性定额

39. 制定劳动定额的科学依据不包括（　　）。

A. 技术依据　　B. 心理生理依据

C. 经济依据　　D. 数理统计依据

40. 某汽车零部件集中生产企业，为了降低管理成本，在保证劳动定额水平平衡的情况下，宜采用（　　）制定定额。

A. 经验估工法　　B. 类推比较法

C. 统计分析法　　D. 技术定额法

41. 下列不属于技术定额法步骤的是（　　）。

A. 分解工序　　B. 分析设备状况

C. 分析生产组织与劳动组织　　D. 经验估算工时

42.（ ）不属于技术性的作业宽放时间。

A. 清除加工切屑时间　　B. 加工中调整设备时间

C. 填写原始记录时间　　D. 操作中校正工具时间

43.（ ）是指直接用于完成生产作业或零件加工所消耗的时间。

A. 基本时间　　B. 辅助时间

C. 作业时间　　D. 定额时间

44.（ ）是指企业在一个生产经营周期内，支付给员工的全部费用。

A. 工资　　B. 保险福利

C. 人工成本　　D. 人力资源管理费用

45. 工资项目主要由（ ）、基础工资、职务工资、计件工资、奖金、津贴和补贴（包括洗理卫生费、上下班交通补贴），以及加班工资等部分组成。

A. 计时工资　　B. 定额工资

C. 数量工资　　D. 时长工资

46. 企业人力资源费用预算的原则不包括（ ）。

A. 合法合理原则　　B. 客观准确原则

C. 提高效益原则　　D. 整体兼顾原则

47. 人力资源管理费用核算的目的不包括（ ）。

A. 控制成本　　B. 节约开支

C. 提高经济效益　　D. 增加收入

48. 直接成本在（ ）方面，表现为设备仪器用具等的超损耗、原料超用等。

A. 纪律和监控　　B. 工作绩效

C. 设备、原料　　D. 生产安全

49. 核算人员要与审核、控制人员及时沟通，提高核算的（ ）。

A. 准确性　　B. 精确性

C. 利用价值　　D. 审核价值

50. 人力资源管理费用核算的要求不包括（　　）。

A. 采用适当的核算方法　　B. 正确划分各种费用的界限

C. 控制成本和节约能耗　　D. 加强费用开支审核和控制

（二）多选题

1. 从规划的内容来看，企业人力资源规划主要包括（　　）。

A. 战略规划　　B. 组织规划

C. 制度规划　　D. 人员规划

E. 职业生涯规划

2. 从规划的期限来看，企业人力资源规划可以区分为（　　）。

A. 长期规划　　B. 中长期规划

C. 中期计划　　D. 中短期规划

E. 短期计划

3. 企业人力资源信息的一般特点包括（　　）。

A. 社会性　　B. 连续性

C. 经济性　　D. 替代性

E. 流动性

4. 企业采集和处理人力资源信息的基本原则包括（　　）。

A. 准确性原则　　B. 系统性原则

C. 标准化原则　　D. 及时性原则

E. 经济性原则

5. 企业人力资源规划信息的采集方法有（　　）。

A. 电话调查法　　B. 档案记录法

C. 观察法　　D. 媒体采访

E. 问卷调查法

6. 在企业人力资源规划信息采集过程中，属于询问法的具体方法有（　　）。

A. 当面调查询问法　　B. 电话调查询问法

C. 会议调查询问法　　D. 行为记录法

E. 函件调查询问法

7. 日记调查法主要适用于（　　）的调查。

A. 采集内容较多　B. 答题要求不高
C. 被调查者比较集中　D. 时限较短
E. 成本低

8. 具体撰写调研报告时应当完成的内容包括（　　）。
A. 必须明确说明调查资料的来源
B. 必须说明分析统计的方法
C. 必须说明被调查者的情况
D. 必须对企业人力资源规划信息进行分类
E. 必须对人力资源的信息进行综合比对分析

9. 企业员工分类方式包括（　　）。
A. 按性别构成分类　B. 按学历结构分类
C. 按专业构成分类　D. 按职务类别分类
E. 按职业类别分类

10. 出勤时间包括（　　）。
A. 停工损失的时间　B. 加班时间
C. 停工被利用的时间　D. 非生产时间
E. 制度内从事本职劳动的时间

11. 加班时间分析的指标包括（　　）。
A. 加班频率　B. 加班比重
C. 加班强度　D. 加班费用
E. 平均加班长度

12. 工作岗位研究的特点包括（　　）。
A. 对象性　B. 系统性
C. 综合性　D. 针对性
E. 科学性

13. 工作岗位调查的主要内容包括（　　）。
A. 本岗位工作任务的性质
B. 劳动强度
C. 本岗位的名称和在职人员情况
D. 岗位责任

E. 岗位所需人员的补充来源

14. 一个公司、一个部门，甚至一个岗位就是一个系统，系统的基本特征包括（　　）。

A. 整体性　　B. 关联性

C. 相关性　　D. 目的性

E. 环境适应性

15. 岗位调查的目的是（　　）。

A. 为进行岗位分析提供资料

B. 为改进工作岗位的设计提供信息

C. 为制定各种人力资源管理文件提供资料

D. 为工作岗位评价与工作岗位分类提供必要依据

E. 收集有关信息，以便系统、全面地对岗位进行描述

16. 影响书面调查结果可靠性和准确性的因素有（　　）。

A. 被调查者的身份与地位

B. 调查表本身设计的合理性

C. 被调查者填写时的兴趣和态度

D. 被调查者本身文化水平的高低

E. 被调查者填写时的诚意

17. 岗位抽样的特点包括（　　）。

A. 使用范围广　　B. 减少调查时间、节约费用

C. 取得数据真实可靠　　D. 减少工作量

E. 用于掌握岗位关键信息

18. 在决定了岗位抽样的观测次数之后，可采用（　　）等方式确定观测时刻。

A. 等时间间隔　　B. 区域抽样

C. 不确定间隔　　D. 分层抽样

E. 单纯随机时间间隔

19. 工作岗位调查可以采用的方法有（　　）。

A. 技术会议法　　B. 结构调查表

C. 关键事件法　　D. 摄像记录法

E. 档案资料法

20. 工作岗位写实具体包括（　　）。

A. 个人岗位写实　　B. 工作技巧写实

C. 多机台看管写实　　D. 特殊岗位写实

E. 自我岗位写实

21. 作业测时的功能包括（　　）。

A. 为制定工时定额提供依据

B. 推动操作方法的科学化、合理化

C. 改善劳动组织，提高劳动效率

D. 为岗位分级提供依据

E. 补充工时数据资料

22. 对劳动定额概念的理解，下列选项中正确的有（　　）。

A. 它的对象是劳动者

B. 它是在生产进行之前预先制定的

C. 它可以脱离具体的生产技术条件

D. 它限定的对象一定是有效的劳动

E. 可采用多种方法规定活劳动的消耗量

23. 劳动定额的影响因素包括（　　）。

A. 与工作地有关的因素　　B. 与生产过程有关的因素

C. 与员工比例有关的因素　　D. 与操作方法有关的因素

E. 与设备、工具有关的因素

24. 非定额时间包括（　　）。

A. 个人造成的停工时间　　B. 非个人造成的停工时间

C. 个人造成的非生产时间　　D. 非个人造成的非生产时间

E. 组织造成的不确定时间

25. 下列工人活动所消耗的时间，属于组织性的作业宽放时间的是（　　）。

A. 更换工作服时间　　B. 刃磨用钝刀具时间

C. 填写原始记录时间　　D. 清扫整理工作地时间

E. 不可避免的短时延误

26. 若按照水平高低分类，可将劳动定额划分为（　　）。

A. 先进定额　　B. 平均先进定额

C. 先进合理定额　　D. 落后定额

E. 一次性定额

27. 制定劳动定额的基本要求包括（　　）。

A. 时间要求　　B. 质量要求

C. 制定范围要求　　D. 细化程度要求

E. 具体对象要求

28. 产品单件工时定额应包括（　　）。

A. 作业时间　　B. 作业宽放时间

C. 个人需要与休息宽放时间　　D. 准备与结束时间

E. 个人停工时间

29. 在核算人力资源管理具体项目的费用时应注意（　　）。

A. 控制成本和节约能耗

B. 总体控制和个案执行

C. 某些成本项目部分交叉

D. 某些直接成本包括间接成本

E. 人员招聘和选拔的成本应按实际录用人数分摊

30. 下列选项中，属于培训费用的是（　　）。

A. 教材费　　B. 高校奖学金

C. 绩效考核经费　　D. 教员劳务费

E. 评价培训结果的经费

二、简答题

1. 简述企业人力资源规划信息采集的程序。

2. 简述工作岗位写实的步骤和方法。

3. 简述人力资源费用的构成。

4. 简述可采用哪些统计指标进行工作时间利用程度分析。

5. 简述岗位抽样的步骤。

三、计算题

1. 某制造企业规定一个工人在一个工作班内应完成 20 件 A 产品（20 件 / 工时），已知其实耗工时统计资料为 20 工分 / 件、22 工分 / 件、24 工分 / 件、18 工分 / 件、23 工分 / 件、19 工分 / 件。请计算 A 产品单件工时定额及其平均先进值、先进平均值。

2. 某企业共有员工 300 人，2023 年 1 月初招进员工 30 人，3 月初辞退员工 2 人，6 月初有 5 名员工退休，9 月初有 20 名员工离职，12 月初新招员工 10 名。请计算该公司 2023 年的年平均人数。

3. 夏女士是某建筑企业员工，她 8 月实际上班天数为 21 天（制度工作时间为 22 天）。此外，8 月 19 日她跟随领导外出参观，占用了 3 小时；8 月 25 日她参加考试，占用了 6 小时。请计算夏女士 8 月的缺勤率、出勤时间利用率、制度工作时间利用率。

4. 小王是某国有企业的一名操作工人，他 3 月的工作情况如下：本月制度公休时间为 8 天，但小王只休息了 2 天，他加班了 8 天，这 8 天平均每天工作 11 小时；其他工作日小王平均每天工作 8 小时；他用 1 天时间参加共青团组织的活动。请计算小王该月的制度工时利用率和总工作负荷率。

5. 某原料公司安排高级技工 3 人、中级技工 12 人、初级技工 5 人完成原料的调色作业，他们的实耗工时如下：高级技工为 3、3.1、3.2；中级技工为 4、4.1、4.1、4.1、4.2、4.2、4.2、4.2、4.2、4.2、4.3、4.3；初级技工为 5.5、5.6、5.7、5.8、6。请根据上述数据，分别计算三类人员调色作业的平均实耗工时、总体平均实耗工时，以及总体平均先进工时。

6. 某企业零部件加工车间车工组有 8 名工人，他们 4 月劳动定额完成情况见表 1。

表 1　　车工组工人劳动定额完成情况统计表

工人工号	001	002	003	004	005	006	007	008
劳动定额完成情况（件 / 工日）	45	42	43	44	41	42	43	40

请根据表 1 的统计资料，回答以下问题：

（1）计算该车工组工人平均日产量和先进平均日产量。

（2）如果将该车工组日产量定额由现在 40 件 / 工日提高到 50 件 / 工日，则新的工时定额是多少？产量定额的提高率与工时定额降低率各是多少？

7. 某生产车间对某加工工序进行作业测时，其测时资料见表 2。

表 2　　某加工工序作业测时数据统计表　　单位：工秒

观察序号（n）	1	2	3	4	5	6	7	8	9	10
作业测时（x）	6	8	7	7	5	6	7	6	6	6

请根据表 2 中提供的数据分别计算：

（1）在保证可靠度为 95%，观察精确度为 ±5% 时，其作业测时必要观察次数。

（2）在保证可靠度为 95%，观察精确度为 ±10% 时，其作业测时必要观察次数。

（3）如采用岗位抽样法对该加工工序的工时利用情况进行调查，当预测的工时利用率（P）为 80%，保证可靠度为 95%，观察精确度即相对误差（S）控制在 ±10% 时，岗位抽样必要的观察次数。

四、综合分析题

1. 甲公司是一家老建筑企业，过去其人力资源管理费用预算是按传统经验估算方法制定的，以至于公司无法有效控制费用支出，公司人力资源部为有效节约费用、控制成本，拟编制 2024 年度人力资源管理费用预算。

（1）请说明人力资源管理费用包括哪些基本项目。

（2）说明编制人力资源管理费用预算的基本程序和方法。

2. 乙公司由于销售额减少而费用没有降低，导致公司上半年发生了亏损，公司总经理赵某在没有和任何人商量的情况下，决定在全公司范围内裁员，所有部门都必须裁减 10% 的员工。这招致了公司核心盈利部门主管孙某的强烈反对，他扬言要是非得裁员，就从自己开始。孙某主管的部门是公司盈利能力最强的部门，解雇孙某会对公司的经营业绩带来很大影响，赵总经理陷入困境。

（1）该案例中赵总经理犯了什么错误?

（2）请为赵总经理提出脱离困境的对策。

3. 某大型国有机械制造企业集团下属有 5 家分公司、8 家加工厂，以及研究所、实验基地等 20 个附属单位，现有员工 16 000 多人，随着企业生产经营规模的不断扩张、技术装备水平的迅速提高，该企业对人力资源的需求不但在总量上发生了变化，而且在结构上也出现了根本性的转变。该企业人力资源部张经理一直对其下属计划主管小王的工作不甚满意，认为企业的人员计划明显滞后，缺乏前瞻性和完整性，不能满足企业人力资源开发的需要，无法对企业的人员招聘、配置、培训等项工作起到积极的指导作用。

如果张经理让你来编制企业的人员计划，你认为：

（1）应当编制哪些人员计划才能满足企业人力资源管理的

需要？

（2）这些人员计划之间存在着何种关系？

（3）如何保证这些计划得以实施？

参 考 答 案

一、选择题

（一）单选题

1. B	2. A	3. A	4. B	5. D
6. B	7. A	8. A	9. D	10. B
11. D	12. B	13. C	14. A	15. D
16. B	17. D	18. C	19. B	20. C
21. C	22. D	23. C	24. D	25. A
26. B	27. C	28. B	29. D	30. C
31. C	32. B	33. C	34. C	35. A
36. D	37. A	38. A	39. D	40. B
41. D	42. C	43. C	44. C	45. A
46. C	47. D	48. C	49. C	50. C

（二）多选题

1. ABCD	2. ACE	3. ABDE	4. ABDE	5. ABCE
6. ABCE	7. ABCD	8. ABCD	9. ABCE	10. ACDE
11. BCE	12. ABCE	13. ABCD	14. ACDE	15. ABCDE
16. BCD	17. ABCD	18. ABDE	19. ABCE	20. ACDE
21. ABCDE	22. BDE	23. ABDE	24. ABCD	25. ACDE
26. ABCD	27. ABC	28. ABCD	29. CDE	30. ACDE

二、简答题

1.【答案要点】

（1）调研准备阶段。

在本阶段，调研人员通过对企业的相关信息进行初步分析和非正式调研，确定调研的主题内容和范围。

1）初步情况分析。初步情况分析是指调研人员对本部门、本企业已掌握的相关信息进行初步分析，了解情况，提出假设的调研主题。

2）非正式调研。非正式调研是指对假设的调研主题展开调查，发现新问题，淘汰旧问题，探求真正的问题所在。

3）确定调研目标。调研目标的确定是指在初步情况分析和非正式调研之后，逐步缩小调研范围，明确调研目的，确定调研项目的重点。

（2）正式调研阶段。

在本阶段，调研人员应确定获取相关信息的手段与方法，设计出科学合理的调查表格，并按预定的计划和设想，到现场展开调查。

1）相关信息的来源。

①原始资料。原始资料又称第一手资料或初级资料，是指调研人员自己采集的资料。

②二手资料。二手资料又称次级资料，是指经过别人采集、整理和初步分析过的资料。

2）选择抽样方法，设计调查问卷。

理想的调查问卷和科学合理的抽样方法，是调研顺利进行的保证。调查问卷应根据调查内容而设置，要求做到文字简练、通俗易懂，内容简单、明确；所提的问题不宜太长、太繁，要便于被调查者回答，尽可能让被调查者用“√”或“×”来回答，这样也便于数据的统计、处理和分析。

3）实地调查。

实地调查又称现场调查，是指到现场去调查，以获取第一手资料。

2.【答案要点】

（1）工作岗位写实前的准备工作。

1）根据工作岗位写实的目的，确定工作岗位写实的对象。

①确定写实人员，并明确其工作职责。

②根据工作岗位写实的目的，确认写实的对象。

2）进行初步岗位调查。为了有效地组织工作岗位写实，写实人员在正式写实之前，应当事先进行一次初步的岗位调查，了解写实对象的各种相关信息，掌握其工作地内外环境、工作条件以及设备配置的情况，收集有关机械设备、工艺装备、工位器具、劳动组织、加工对象、工作布置、员工素质、技术等级、工种、工龄等方面的信息。

3）制订写实工作计划，规定好具体的写实程序和步骤，设计出写实调查表，做好书写板、计时器等所需仪器的准备工作，明确规定划分工作事项的标准以及各类工时消耗的代号、编码，以便于登记记录数据资料。

4）培训写实人员，使其熟练掌握工作岗位写实的技术和技巧。

5）写实人员要把写实的意图和要求向写实对象解释清楚，使其积极配合，全力协助写实人员完成信息的采集工作。

（2）实地观察记录。

工作岗位写实一般应从上班开始，一直到下班结束。应将整个工作日的活动情况毫无遗漏地记录下来，以保证写实资料的完整性。在观察记录过程中，写实人员要集中精力，在写实对象的配合下，按顺序判明每项活动的性质，简明扼要地加以记录，并注明每一事项的开始和结束时间。

（3）写实资料的整理汇总。

在实地观察的基础上，应对工作岗位写实的资料进行整理汇总。具体步骤是：

1）计算各活动事项的时间消耗。

2）对所有观察事项进行分类，汇总计算出每一类工时的合计数。

3）编制工作岗位写实的汇总表，在分析、研究各类工时消耗的基础上，计算出每类工时消耗占工作日及作业时间的比重。

4）分析岗位工作的内外环境和条件，掌握关联工作活动的各种信息。

5）根据工作岗位写实的结果，写出岗位综合分析的报告。

3.【答案要点】

企业人力资源费用包括人工成本和人力资源管理费用，前者是指支付给员工的费用，如工资、福利、保险等；后者是指人力资源管理部门开展人力资源管理活动的经费，如招聘费用、培训费用等。

4.【答案要点】

（1）工作时间利用程度的基本分析。

1）出勤率指标。

出勤率表明员工在制度规定的工作时间内实际出勤工作的程度，可以分别按工日与工时计算。其计算公式如下：

出勤率 = 实际出勤工时 / 制度工作工时 ×100%

按工日计算的出勤率仅受全日缺勤的影响；按工时计算的出勤率，则受到全日缺勤和非全日缺勤的影响。

此外，还可以计算缺勤率。其计算公式如下：

缺勤率 = 实际缺勤工时 / 制度工作工时 ×100%

2）出勤时间利用率指标。

出勤时间利用率也称作业率，它是反映员工在出勤时间内实际工作工时及其被利用情况的指标。

出勤时间利用率指标 = 实际工作工时 / 出勤工时 ×100%

按工日计算的出勤时间利用率仅受全日停工和全日非生产工日的影响；按工时计算的出勤时间利用率，则受到全日停工和非全日停工以及非生产工时的影响。

3）制度工作时间利用率指标。

制度工作时间利用率反映在制度工作时间内实际用于生产性作业活动的程度。由于制度工作时间是制度规定的最大可能被利用的工作时间，实际工作时间越接近制度工作时间，说明工作时间利用得越充分。研究工作时间利用，应该以制度工作时间为标准，因而制度工作时间利用率是工作时间利用统计的核心指标，它反映了制度工作时间实际被利用的程度。

$$制度工作时间利用率 = \frac{实际工作工时总数}{制度工作工时总数} \times 100\%$$
$$= 出勤率 \times 出勤时间利用率$$

按工日计算的制度工作时间利用率，只反映全日缺勤、全日停工和全日非生产工日的影响程度；而按工时计算的制度工作时间利用率，除了反映上述因素影响外，还反映了非全日缺勤、非全日停工和非全日非生产工时等所占用时间的影响程度。

4）工作负荷率指标。

工作负荷率是指员工实际工作时间占制度工作时间的比率，它反映了员工制度工作时间实际被利用的程度，在一定程度上体现了员工所承担和完成工作量的大小。

$$工作负荷率 = \frac{实际工作时间}{制度工作时间} \times 100\%$$

（2）工作时间利用程度的其他分析。

1）工作日利用率指标。

工作日利用率反映了在计算期内平均一个员工一个工作日实际从事生产性作业活动的程度。

$$工作日利用率 = \frac{制度工作日实际长度}{制度工作日长度} \times 100\%$$

$$制度工作日实际长度 = \frac{制度内实际工作工时总数}{制度内实际工作工日总数}$$

2）工作月利用率指标。

工作月利用率是指一个企业的员工平均每人在一个月实际工作天数和规定天数的比值，反映了员工工作月的利用程度。它受全日缺勤、全日停工和全日从事非生产时间的影响。

$$工作月利用率 = \frac{制度工作月实际长度}{制度工作月长度} \times 100\%$$

制度工作月实际长度是平均每个员工一个月实际从事生产性作业活动的天数。

$$制度工作月实际长度=\frac{制度内实际工作工日}{全月平均人数}$$

制度工作月长度是日历工日数扣除制度公休工日数后应该出勤和作业的天数，也可以用以下公式计算：

$$制度工作月长度=\frac{全月制度工作工日}{全月平均人数}$$

工作月利用率和按工日计算的制度工作时间利用率是一致的。工作月利用率和工作日利用率的乘积等于按工时计算的制度工作时间利用率。

（3）加班时间的分析。

1）加班比重指标。

加班比重指标是反映加班时间在全部实际工作时间内所占比重的指标。

$$加班比重=\frac{计算期加班工时}{计算期全部实际工作工时}\times 100\%$$

2）加班强度指标。

加班强度指标是指计算期加班工时占制度内实际工作时间比率的指标。公式要乘以100，表明计算期内平均每100个制度内实际工作工时，发生了多少个加班工时。该指标越大，说明加班情况越严重。

$$加班强度=\frac{计算期加班工时}{计算期制度内实际工作工时}\times 100$$

3）平均加班长度指标。

平均加班长度指标是指计算期加班工时与同时期制度内实际工作工日比率的指标。它反映了平均每个工作日实际加班的长度，即超时工作的时间。

$$平均加班长度指标（工时/工日）=\frac{计算期加班工时}{计算期制度内实际工作工日}$$

5.【答案要点】

（1）明确调查目的；

（2）作业活动分类；

（3）确定观测次数；

（4）确定观测时刻；

（5）现场观测；

（6）检验抽样数据；

（7）评价最后抽样结果。

三、计算题

1.【答案要点】

工时定额 =（8 × 60）/20 = 24（工分 / 件）

平均实耗工时 =（20 + 22 + 24 + 18 + 23 + 19）/6 = 21（工分 / 件）

平均先进值 =（21 + 18 + 19 + 20）/4 = 19.5（工分 / 件）

先进平均值 =（18 + 19 + 20）/3 = 19（工分 / 件）

2.【答案要点】

该公司在 2023 年各月份的人数见下表：

月份	1	2	3	4	5	6	7	8	9	10	11	12
人数	330	330	328	328	328	323	323	323	303	303	303	313

年平均人数 = 计算年内 12 个月平均人数之和 /12

=（330 × 2 + 328 × 3 + 323 × 3 + 303 × 3 + 313）/12

≈ 320（人）

3.【答案要点】

实际出勤工时 = 21 × 8 = 168（小时）

实际缺勤工时 =（22 − 21）× 8 = 8（小时）

制度工作工时 = 22 × 8 = 176（小时）

实际工作工时 = 168 − 3 − 6 = 159（小时）

缺勤率 = 实际缺勤工时 / 制度工作工时 × 100%

= 8/176 × 100% ≈ 4.55%

出勤时间利用率 = 实际工作工时 / 出勤工时 × 100%

= 159/168 × 100% ≈ 94.64%

制度工作时间利用率＝实际工作工时总数／制度工作工时总数 ×100%

＝159/176×100%≈90.34%

4.【答案要点】

3 月的制度工作工时＝（31－8）×8＝184（小时）

制度内实际工作时间＝（31－8－1）×8＝176（小时）

制度工时利用率＝制度内实际工作时间／制度工作时间 ×100%

＝176/184×100%≈95.7%

全部实际工作时间＝20×8＋8×11＝248（小时）

总工作负荷率＝全部实际工作时间／制度工作工时 ×100%

＝248/184×100%≈134.8%

5.【答案要点】

高级技工平均实耗工时（$\overline{x_1}$）$=\dfrac{3+3.1+3.2}{3}=3.1$（工时）

中级技工平均实耗工时（$\overline{x_2}$）$=\dfrac{4+4.1\times3+4.2\times6+4.3\times2}{12}$

$=4.175$（工时）

初级技工平均实耗工时（$\overline{x_3}$）$=\dfrac{5.5+5.6+5.7+5.8+6}{5}$

$=5.72$（工时）

总体平均实耗工时（$\overline{x}$）$=\dfrac{3.1\times3+4.175\times12+5.72\times5}{3+12+5}$

$=4.4$（工时）

总体平均先进工时（$\overline{\overline{x}}$）$=\dfrac{4.4+3.1}{2}=3.75$（工时）

6.【答案要点】

（1）平均日产量和先进平均日产量。

车工组工人平均日产量＝（45＋42＋43＋44＋41＋42＋43＋40）/8

＝340/8＝42.5（件／工日）

车工组工人先进平均日产量＝（45＋43＋44＋43）/4

$=43.75$（件 / 工日）

（2）设 X 代表工时定额的降低率，Y 代表产量定额的提高率。

提高定额之前，工时定额 $=480/40=12$（工分 / 件）

提高定额之后，工时定额 $=480/50=9.6$（工分 / 件）

产量定额的提高率 $Y=(50-40)/40\times100\%=25\%$

工时定额的降低率 $X=Y/(1+Y)=0.25/(1+0.25)=0.20$ 即 20%

或者，

工时定额的降低率 $X=(12-9.6)/12\times100\%=20\%$

产量定额的提高率 $Y=X/(1-X)=0.20/(1-0.20)=0.25$ 即 25%

7.【答案要点】

某加工工序作业测时数据统计表 单位：工秒

观察序号（n）	1	2	3	4	5	6	7	8	9	10	$\sum$
作业测时（x）	6	8	7	7	5	6	7	6	6	6	64
x^2	36	64	49	49	25	36	49	36	36	36	416

（1）在保证可靠度为 95%，观察精确度在 ±5% 时，作业测时的必要观察次数：

$$N=\left[\frac{40\sqrt{n\sum x^2-\left(\sum x\right)^2}}{\sum x}\right]^2=\left(\frac{40\sqrt{10\times416-64\times64}}{64}\right)^2$$

$$=\left(\frac{40\sqrt{64}}{64}\right)^2=25\text{（次）}$$

（2）在保证可靠度为 95%，观察精确度在 ±10% 时，作业测时的必要观察次数：

$$N=\left[\frac{20\sqrt{n\sum x^2-\left(\sum x\right)^2}}{\sum x}\right]^2=\left(\frac{20\sqrt{10\times416-64\times64}}{64}\right)^2$$

$$=\left(\frac{20\sqrt{64}}{64}\right)^2=6.25\approx6\text{（次）}$$

（3）已知预测的工时利用率 $P=80\%$，在保证可靠度为 95%，观察精确度 $S=\pm10\%$ 时，其岗位抽样必要的观察次数为：

$$N=\frac{4(1-P)}{S^2P}=4\times(1-0.8)/(0.1\times0.1\times0.8)$$

$$=0.8/0.008=100\text{（次）}$$

四、综合分析题

1.【答案要点】

（1）人力资源管理费用是指企业在一个生产经营周期（一般为一年）内，人力资源部门的全部管理活动的费用支出，它是计划期内人力资源管理活动得以正常运行的资金保证，主要包括以下三个方面的内容。

1）招聘费用。即招聘过程中发生的所有费用。

①招聘前：调研费、广告费、招聘会经费、高校奖学金等。

②招聘中：选拔测试方案制定与实施的经费、获取测试工具的经费等。

③招聘后：通知录取结果的经费、分析招聘结果的经费、签订劳动合同的经费等。

2）培训费用。即培训过程中发生的所有费用。

①培训前：绩效考核经费和制定培训方案的经费，前者包括考评方案制定与实施的经费、获取考评工具的经费、处理考评结果的经费等。

②培训中：教材费、教员劳务费、培训费（差旅费）等。

③培训后：测评培训结果的经费等。

3）劳动争议处理费用。即处理劳动争议的过程中发生的费用。

（2）首先，认真分析人力资源管理各方面的活动及其过程，确定各个人力资源管理活动所需的费用项目，对这些费用按公司财务科目分类，分别统计核实，纳入相关会计科目。

其次，根据企业实际情况，为各个费用项目进行预算。这些费用预算与执行的原则是“分头预算、总体控制、个案执行”，公司根据上年度预算与结算比较情况给一个控制额度。大部分由人力资源部门掌握，项目之间根据余缺，在经过批准程序后可以调剂使用。对有些项目如培训费用，按使用部门划入该成本中心进行控制，避免部门之间相互挤占而完不成各自的培训需求。

2.【答案要点】

（1）首先，赵总经理只将人力资源成本作为企业成本，以为只要裁员就可以扭亏为盈，他展现出的冷漠无情的管理方式，对解决企业亏损问题毫无助益。

其次，公司裁员是事关公司未来发展的重大决策，要求相关部门的人员参与，赵总经理在未与他人商量的情况下作出决策，在实施过程中必然会遭到相关管理人员的反对。

最后，所有部门均裁员 10% 的决定忽略了人力资源的结构化因素，短期内可能会压缩成本，但是从长期看无助于形成结构合理的员工队伍。

（2）首先，赵总经理必须让各部门主管参与公司基本政策的制定和决策过程，同他们商量，让他们对决策过程有所贡献。这样就可以让他们了解公司的短期财务需求和长期的发展方向，鼓励他们提出建设性的意见，并发挥团队精神。

其次，公司必须全面降低成本。裁员这种方法是不受欢迎的，虽然短期内可以起到一定的作用，但是从长远来看，公司在管理及业绩方面的问题依然存在。赵总经理和各部门主管必须研究出新的对策，使公司扭亏为盈，这才是根本的解决之道。

最后，赵总经理还必须在部门主管的配合下，深入调查各部门的情况，与部门主管共同制定该部门的目标和衡量业绩的标准。同时，要考虑降低人力资源成本以外的其他方法，如减少成品、半成品和原料的存货。除此之外，还要研究产品合理化的可行性。

总之，赵总经理必须放弃以前对亏损部门和盈利部门一视同仁的做法。制定相应的政策，鼓励先进，督促后进，调动盈利部门的积极性，使亏损部门有危机感，变亏损为盈利。

3.【答案要点】

（1）为了满足企业人力资源管理的需求，应当编制以下人员计划：

1）人员配置计划；

2）人员需求计划；

3）人员供给计划；

4）人员培训计划；

5）人力资源费用计划；

6）人力资源政策调整计划。

（2）上述计划的关系是：

1）人员配置计划要根据企业的发展战略，结合企业的工作岗位分析所制作的工作岗位说明书和企业人力资源盘点的情况来编制；

2）人员需求计划的形成必须参考人员配置计划；

3）人员供给计划是人员需求计划的对策性计划；

4）人员供给计划的实现需要人员培训计划的支持；

5）人力资源费用计划的编制要以其他人员计划为基础。

（3）为了确保上述计划的有效实施，应当：

1）编制人力资源政策调整计划；

2）对执行上述计划的风险进行评估并提出对策。

第二章　招聘与配置

基本内容与要求

一、基本内容

本章主要介绍了人员招聘与信息发布、企业应聘人员的选拔、校园招聘的组织实施、企业新员工录用管理。具体内容包括：人员招聘方式和来源的选择；招聘需求信息的采集与整理；招聘需求信息的发布与广告设计；应聘申请表设计；应聘人员初步选拔的程序；应聘人员的背景调查与体检；校园招聘的组织实施；新员工的录用与培训；企业员工的信息管理。

二、学习要求

1. 掌握人员招聘与配置的概念、人员招聘的意义，以及企业人员补充的来源和人员招聘的基本程序，能够选择人员招聘的方式和人员招聘的来源。

2. 掌握招聘需求信息发布的范围、时间、渠道与方式，能够采集和整理企业人员招聘需求信息。

3. 熟悉招聘广告的特点、招聘需求信息发布的渠道、招聘广告的设计原则，以及具体应用的程序和基本方法。

4. 熟悉应聘申请表的特点，掌握应聘申请表的设计方法以及注意事项。

5. 熟悉企业简介的功能以及编写企业简介的原则，掌握编写企业简介的步骤。

6. 熟悉应聘人员选拔的意义，掌握应聘人员选拔的主要步骤和基本方法。

7. 熟悉应聘人员背景调查的意义，掌握背景调查的内容和原则，了解应聘人员体检的内容和要求。

8. 熟悉校园招聘的概念，掌握校园招聘的方式和特点，以及选择招聘学校应考虑的因素。

9. 掌握员工录用的原则，以及办理员工录用的具体手续和方法。

10. 熟悉企业员工信息管理的作用，掌握员工信息管理的内容和收集方法。

辅导练习

一、选择题

（一）单选题

1.（　　）是企业为了弥补岗位空缺而进行的一系列人力资源管理活动的总称。

A. 内部晋升　　B. 人员招聘
C. 工作调换　　D. 竞聘上岗

2. 下列不属于内部招聘的优点的选项是（　　）。

A. 费用较低　　B. 准确性高
C. 来源广　　D. 激励性强

3. 企业外部招聘的主要来源途径不包括（　　）。

A. 各类各级学校　　B. 竞争对手与其他企业
C. 下岗失业者　　D. 停薪留职人员

4.（　　）是采用科学的选拔方法，对企业内部应聘人员经过层层筛选，由专家小组集体作出评判，从应聘人员当中选拔出较为合格人员的活动过程。

A. 岗位轮换　　B. 竞聘上岗
C. 绩效考核　　D. 人事测评

5. 招聘工作的（　　）是整个招聘活动的核心，是关键的一环。

A. 招募阶段　　B. 准备阶段
C. 实施阶段　　D. 评估阶段

6.（　　）是应用最为普遍、最为广泛的人员招募方法之一。

A. 校园招聘　　B. 人员招聘广告
C. 猎头公司　　D. 企业内部晋升

7. 所谓（　　），就是在招聘广告中不出现招聘企业名称的广告。

A. 隐瞒广告　　B. 不公开广告
C. 遮蔽广告　　D. 秘密广告

8. 比较不适合采用杂志刊登招聘广告的情况是（　　）。
A. 行业或职业流失率较高
B. 空缺岗位并非迫切需要补充
C. 空缺岗位的地区分布较广
D. 候选人相对集中在某个专业领域内

9. 通过（　　）发布招聘信息，具有传播速度快、范围广、查询方便等特性，受到了越来越多的单位的青睐。
A. 杂志　　B. 海报
C. 传单　　D. 网站

10.（　　）一般由招聘单位的人力资源部门设计，应聘人员在求职时自己填写。
A. 个人简历　　B. 加权测评表
C. 个人履历　　D. 应聘申请表

11. 竞聘上岗的理论基础是（　　）。
A. 能岗匹配原理　　B. 动态优先原理
C. 同素异构原理　　D. 效率优先原理

12. 下列关于招聘申请表的说法，正确的是（　　）。
A. 不同单位招聘中使用的申请表的项目是相同的
B. 某一个单位在招聘中只能使用一种招聘申请表
C. 不同岗位的招聘申请表在内容设计上要完全相同
D. 招聘申请表的内容要根据职务说明书来进行设计

13.（　　）是根据企业过去的统计资料，或者由社会权威机构对应聘人员的条件，按照重要性程度确定相应的权数，从而对应聘人员自身条件进行综合评价分析的一种表格形式。
A. 权数招聘申请表　　B. 指标招聘申请表
C. 加权测评表　　D. 加权应聘申请表

14.（　　）是制订招聘计划的重要内容，也是确保招聘成功的必要准备工作。

A. 招聘需求信息　　　　　　B. 提出招聘需求

C. 确定招聘人员　　　　　　D. 制订薪酬计划

15. 招聘需求信息发布的时间、方式、渠道与范围是根据（　　）来确定的。

A. 招聘岗位　　　　　　　　B. 招聘计划

C. 招聘对象　　　　　　　　D. 企业状况

16. 招聘广告的设计必须遵循的四项基本原则是（　　）。

A. 注意—兴趣—愿望—行动　B. 注意—方式—愿望—行动

C. 注意—兴趣—有效—方式　D. 愿望—兴趣—行动—结果

17.（　　）可以使社会公众了解公司的经营理念和服务宗旨。

A. 公司简介　　　　　　　　B. 招聘申请表

C. 招聘广告　　　　　　　　D. 工作说明书

18. 下列关于工作轮换和工作调换的区别的说法，不正确的是（　　）。

A. 工作调换的时间较长，工作转换通常是短期的

B. 工作调换是单独、临时的

C. 工作轮换是两人以上、有计划进行的

D. 工作转换的目的是填补空缺

19.（　　）是招聘过程中最关键的一步，也是技术性最强、难度最大的一步。

A. 人员招募　　　　　　　　B. 人员选拔

C. 人员录用　　　　　　　　D. 招聘评估

20. 员工的劳动态度、劳动积极性取决于（　　）。

A. 学历水平　　　　　　　　B. 工作的满意度

C. 劳动技能　　　　　　　　D. 劳动的生产率

21.（　　）适合于初步筛选应聘人员。

A. 笔试筛选法　　　　　　　B. 面试筛选法

C. 小组筛选法　　　　　　　D. 材料筛选法

22. 相较于简历，应聘申请表的优势体现在（　　）。

A. 直截了当　　B. 结构完整

C. 限制了不必要的内容　　D. 以上都是

23. 填写应聘申请表可以达到的基本目的不包括（　　）。

A. 确定最少的候选人　　B. 判断是否符合岗位能力要求

C. 提示潜在问题领域　　D. 预测未来工作表现

24. 目前，企业在招聘人才时，对应聘人员的学历、职称等“硬件”和经历、能力等“软件”的了解基本上以应聘人员的（　　）为主，对应聘人员的审查往往通过面试来完成。

A. 简历　　B. 本人介绍

C. 申请表　　D. 网络资料

25. 从应聘人员曾经就职过的公司了解其背景具有很多优点，但不包括（　　）。

A. 可了解应聘人员的工作业绩

B. 可了解应聘人员的表现

C. 可了解应聘人员的工作能力

D. 识别雇主评价的客观性

26. 背景调查时，只调查与工作有关的情况，并以（　　）记录，以证明将来的录用或拒绝是有依据的。

A. 文档形式　　B. 表格形式

C. 书面形式　　D. 图片形式

27. 企业的背景调查是调查应聘人员的（　　）。

A. 优秀方面　　B. 人际关系方面

C. 错误方面　　D. 不合格之处

28. 一般而言，从（　　）可以得到比较系统、原始的资料。

A. 人才交流中心　　B. 员工自带档案

C. 就职过的公司　　D. 员工原始档案

29. 背景调查的内容应（　　）。

A. 完整、有效　　B. 简单、明了

C. 简明、实用　　D. 周全、详尽

30. 背景调查材料中，应聘人员直接上司的评价与人力资源管理人员的评价相比（　　）。

A. 同等重要　　B. 更为可信

C. 作用不大　　D. 更为主观

31. 背景调查的时间最好安排在（　　）。

A. 面试之后　　B. 入职之后

C. 面试之前　　D. 面试结束后与上岗前的间隙

32. 关于背景调查，下列说法错误的是（　　）。

A. 对空缺岗位的胜任能力模型要做到心中有数

B. 应当采用恰当的询问方法

C. 注意调查对象的选择

D. 无须征得候选人的同意

33. 假文凭阻碍用人单位了解求职者的真实水平，容易造成（　　）。

A. 正向选择　　B. 逆向选择

C. 双向选择　　D. 单边选择

34. 下列选项中，不适合用于识别假文凭的方法是（　　）。

A. 观察法　　B. 提问法

C. 邮寄法　　D. 核实法

35. 体检的费用一般由（　　）支付。

A. 招聘企业　　B. 个人

C. 政府机构　　D. 医院

36. 校园招聘的优点是（　　）。

A. 学生的可塑性强　　B. 激励性强

C. 适应较快　　D. 选拔准确性高

37. 校园招聘中，选择学校的考虑因素是（　　）。

A. 该学校在本企业关键技术领域的学术水平

B. 该学校符合本企业所需专业的毕业生人数

C. 该学校往届毕业生在本企业的业绩和服务年限

D. 以上都是

38. 下列选项中，不属于校园招聘的方式是（　　）。

A. 企业到校园招聘

B. 学生提前到企业实习

C. 企业和学校联手培养

D. 发布可接收应届生的招聘广告

39. 企业如果以现场设置招聘台的形式参加校园招聘会，为提高招聘质量，可采取（　　）。

A. 单独的校园外面试　　B. 深入电话访谈

C. 单独的校园内面试　　D. 网络投递简历

40. 校园招聘成立招聘小组，小组负责人最好是（　　）。

A. 行政人员　　B. 人力资源部门经理

C. 招聘专员　　D. 核心业务部门经理

41. 校园招聘小组中的企业人力资源部人员具体负责（　　）。

A. 对应聘人员提问进行解答

B. 控制招聘流程，安排细节

C. 着重考察应聘人员的能力

D. 对人才作出较准确的判断

42.（　　）就是以工作需要为出发点，根据岗位对任职者的资格要求来选择人员。

A. 因事择人　　B. 任人唯贤

C. 用人不疑　　D. 严爱相济

43.（　　）原则要求管理者对员工要给予充分的信任与尊重。

A. 因事择人　　B. 任人唯贤

C. 用人不疑　　D. 严爱相济

44. 通知被录用者时，企业应当（　　）地对待所有被录用者。

A. 准确和及时　　B. 公平和真实

C. 公开和一致　　D. 诚恳和热情

45.（　　）的目的是要解决一些共同的问题，让新员工尽快了解企业的基本情况。

A. 文化课学习　　B. 上岗前的集中培训

C. 专业课学习　　D. 上岗后的分散培训

46.（　　）是整个员工信息管理系统正常运转的基础。

A. 基础数据层　　B. 业务处理层

C. 决策支持层　　D. 薪酬计划层

47. 基础数据层包含的是变动很小的静态数据，一类是员工个人属性数据，另一类是（　　）。

A. 员工资料　　B. 岗位资料

C. 企业数据　　D. 组织结构

48. 员工信息管理是指记述和保存员工在社会活动中的（　　）等方面信息的管理。

A. 过往经历　　B. 工作状况

C. 德才表现　　D. 经历和德才表现

49. 员工信息资料的收集是由（　　）通过各种渠道，将有关人员历史上形成的和近期形成的人事材料收集而成。

A. 企业人力资源部门　　B. 政府就业指导部门

C. 中介猎头公司　　D. 需求人才主管部门

50. 员工信息中，履历材料，自传材料，鉴定材料，政治历史问题的审查、甄别和复查材料，参加党团组织的材料等，属于（　　）。

A. 反映员工历史状况的信息

B. 反映员工现状的信息

C. 反映员工个性与潜能的信息

D. 以上选项不都选

（二）多选题

1. 内部招聘的来源有（　　）。

A. 内部提拔　　B. 工作调换

C. 工作轮换　　D. 重新聘用

E. 熟人推荐

2. 外部招聘的不足表现在（　　）。

A. 筛选难度大　　B. 进入角色慢

C. 招聘成本高　　D. 决策风险大

E. 应聘人员杂

3. 下列关于竞聘上岗的说法，正确的是（　　）。

A. 必须事先公布竞聘上岗的岗位

B. 必须成立竞聘上岗领导小组

C. 竞聘岗位要有选定对象

D. 领导可以参与推荐人员

E. 应聘候选人数越多越好

4. 在组织内部招聘与选拔时，应当注意（　　）。

A. 避免长官意志的影响　　B. 不要求全责备

C. 不要将人才固定化　　D. 全方位发现人才

E. 尽量降低成本

5. 招聘需求信息主要包括（　　）。

A. 空缺岗位　　B. 工作描述

C. 任职资格　　D. 测评方法

E. 工作提纲

6. 撰写招聘广告应该注意（　　）。

A. 内容精细、全面　　B. 内容真实

C. 有较强的系统性　　D. 合法

E. 简洁

7. 全媒体招聘的优点包括（　　）。

A. 招聘范围广　　B. 招聘信息量大

C. 可挑选余地大　　D. 应聘人员素质高

E. 费用低

8. 招聘申请表的特点是（　　）。

A. 节省时间　　B. 准确了解

C. 提供后续选择的参考　　D. 格式不统一

E. 有助于深入了解应聘人员

9. 一般情况下，报纸招聘广告比较适合（　　）。

A. 某个特定地区的招聘　　B. 候选人数量较大的岗位

C. 某个特定行业的招聘　　D. 流失率较高的行业或职业

E. 失业率较低的行业或职业

10. 编写企业简介应遵循的原则包括（　　）。

A. 感召性　　B. 真实性

C. 详细性　　D. 全面性

E. 可信性

11. 关于招聘，下列说法正确的是（　　）。

A. 企业和应聘人员之间是双向选择的关系

B. 企业应着重显示其选择的强势一面

C. 企业应客观全面地介绍企业整体信息

D. 企业应向应聘人员树立良好的企业形象

E. 企业应有所保留地让应聘人员了解企业

12.（　　）时，会产生招聘需求信息。

A. 组织人力资源自然减员

B. 组织内部冗员过多

C. 现有人员无法满足需要

D. 企业经济利润增长

E. 现有人力资源配置情况不合理

13. 工作描述的内容包括（　　）。

A. 工作职责　　B. 工作内容

C. 工作要求　　D. 工作权限

E. 工作条件

14. 通过发放和编制企业简介，对应聘人员产生的作用包括（　　）。

A. 传达公司价值观　　B. 使其进行自我筛选

C. 增加工作满意度　　D. 全面介绍企业概况

E. 提高工作的效率

15. 应聘人员选拔的意义包括（　　）。

A. 保证企业得到高额回报

B. 降低员工的辞退率与辞职率

C. 为员工提供公平竞争的机会

D. 保证合理配置
E. 有效激励员工
16. 材料筛选法的具体形式包括（　　）。
A. 申请表　　B. 履历分析
C. 证明材料　　D. 推荐信
E. 背景调查
17. 个人简历的优点体现在（　　）。
A. 体现应聘人员的个性
B. 允许应聘人员强调重点
C. 允许应聘人员点缀自己
D. 费用较低
E. 允许应聘人员略去某些东西
18. 好的应聘申请表可以达到的基本目的有（　　）。
A. 确定应聘人员是否达到最低资格要求
B. 帮助判断应聘人员是否具有与工作相关的属性
C. 提示与应聘人员有关的潜在问题领域
D. 了解应聘人员的成长历程和工作业绩
E. 确定工作岗位最终候选人的合适人选
19. 背景调查的内容包括（　　）。
A. 应聘人员的教育状况　　B. 应聘人员的工作经历
C. 应聘人员的个人品质　　D. 应聘人员的工作能力
E. 应聘人员的个人兴趣
20. 进行背景调查时，应当遵循的原则包括（　　）。
A. 只调查与工作有关的情况　B. 重视客观内容的调查核实
C. 慎重选择“第三者”　　D. 评估调查材料的可靠程度
E. 采用结构化表格
21. 校园招聘的缺点包括（　　）。
A. 时间投入多　　B. 培训成本高
C. 适应性差　　D. 人才单纯
E. 层次清晰

22. 在筛选应聘人员相关材料时，应关注的基本问题包括（　　）。

A. 淘汰大多数投简历者　　B. 过分看重专业是否符合

C. 过分看重分数和学历　　D. 可能存在性别歧视

E. 可能存在生源歧视

23. 在校园招聘中进行面试时，应当防止（　　）情况的发生。

A. 面试内容不确定　　B. 招聘人员无法胜任面谈工作

C. 滥用压力式面试　　D. 笔试题目的难度把握不准确

E. 不切实际地自夸

24. 校园招聘小组中应包括需求人才部门的主管人员，负责（　　）。

A. 着重考察应聘人员的能力

B. 控制招聘流程、安排细节

C. 对应聘人员提出的疑问进行解答

D. 对人才作出较准确的判断

E. 决定是否录用应聘人员

25. 人员录用必须遵循的原则包括（　　）。

A. 因事择人原则　　B. 任人唯贤原则

C. 用人不疑原则　　D. 严爱相济原则

E. 谨慎小心原则

26. 在招聘录用阶段，员工的岗位安排应综合考虑（　　）。

A. 招聘的要求　　B. 应聘人员的应聘意愿

C. 领导的要求　　D. 上级主管单位的要求

E. 个人的要求

27. 员工信息的保管，主要包括（　　）。

A. 员工信息的编号　　B. 员工信息的接收和登记

C. 员工信息的存放　　D. 员工信息的检查和保密

E. 员工信息的转移

28. 一套典型的员工信息管理系统，从功能结构上可分为（　　）。

A. 业务处理层　　B. 数据传输层
C. 基础数据层　　D. 决策支持层
E. 数据储存层

29. 业务处理层的数据具体包括（　　）。

A. 薪资数据　　B. 绩效考核数据
C. 培训数据　　D. 考勤休假数据
E. 员工工作分配的信息

30. 在建立员工信息系统时，员工信息要以员工个人为单元，真实地反映员工的（　　）。

A. 个人经历　　B. 思想品德
C. 业务能力　　D. 思维方式
E. 行为习惯

二、简答题

1. 简述企业内部招聘的优势和局限。

2. 简述招聘广告的优点。

3. 简述招聘广告包括的内容。

4. 简述在设计应聘申请表的过程中应注意的要求。

5. 简述编写企业简介的步骤。

6. 简述应聘人员选拔的意义。

7. 简述校园招聘的优点。

8. 简述办理员工录用的手续。

9. 劳动合同的签订包括哪些方面?

10. 简述员工信息管理的作用。

三、计算题

下列表格是A公司根据过去的统计数据得到的。

	绩效一般组	绩效优秀组	总人数	优秀组百分比	权重
婚姻资料					
未婚	35	15			
已婚	27	75			
教育					
高中毕业	13	14			
职高毕业	28	25			
大学毕业	40	80			
曾经担任					
作业组长	13	14			
项目主管	28	30			
项目经理	25	30			
总经理	0	0	—	—	—

请回答：

（1）请填满表格中的空格，格内画线的除外。

（2）这是何种招聘申请表的设计过程？

四、综合分析题

1. 某公司是一家新组建的装备制造企业，公司领导根据未来发展的需要，决定面向社会公开招聘一批专业设计和产品研发人才。由于公司人力资源部除了老李是有20多年人力资源管理经验的资深经理，其他人员大多是新近从外部招聘来的，招聘专员小章也是前一年刚从某大学毕业的硕士研究生。人力资源部经理决定大家一起讨论一下这次招聘工作。

请结合本案，阐述为了保证招聘取得令人满意的结果，必须正确回答并解决好哪些问题？

2. 某医药公司人力资源部根据前一年人员的流动率和今年人员的变动情况，制订了公司本年度人力资源需求计划，需求包括一线生产操作人员 80 人、技术设计人员 10 人、财务人员 5 人、计划统计人员 3 人、销售人员 25 人。人力资源部张经理要求招聘主管老王根据需求计划，提出本年度人员招聘的具体方案。一周后，老王将自己起草的招聘方案呈报给张经理，张经理在其提交的招聘方案上批示："仅通过媒体、中介等途径还不够，还应组织几次校园招聘，请在招聘方案中予以补充。"

请结合本案例，回答以下问题：

（1）简述校园招聘的基本流程，并说明实施校园招聘的具体步骤。

（2）单独的校园招聘面试通常应当达到什么目标？

3. 某公司是一家跨国公司在中国的子公司，以研制、生产、销售药品为主，为了提高一线生产工厂的人力资源以及生产效率的综合管理水平，公司决定在工厂人力资源部增设工业工程项目小组，主要负责劳动定额的制定、实施以及效率管理工作，由公司人力资源部根据任职资格条件，从企业外部招聘适合的专业管理人员。

请结合本案例，回答以下问题：

（1）如果请您设计专业管理人员的招聘广告，招聘广告应包含哪些主要内容？

（2）除上述主要内容之外，还应注意有哪些方面的说明？

4. 某公司为了对生产部门进行更有效的管理，决定在生产部门设立一个新岗位，主要负责生产部门的计划调度工作。生产部门提出要在企业外招聘合适的人员，为此，人力资源部发布了招聘广告，并收到了 100 多份简历。他们先从中筛选出 20 份符合条件的简历，并对这些应聘人员进行了初试，从中挑选出 3 名候选人请生产部门面试。其中一名候选人贾某在面试中表现出色，生产部门主管对其比较满意，虽然其个人档案中缺少原工作单位的评价材料，公司还是录取了贾某。贾某一进入公司便全身心投入工作中，6 个月过去了，生产部门主管发现贾某的工作没有预期的那么好，布置给他的工作经常不能按时完成，而且工作质量也不高，这引起了管理层的不满。

请结合本案例，回答以下问题：

（1）该公司在人员选拔的过程中存在哪些失误？

（2）公司若进行应聘人员背景调查，应当由谁来完成这项工作？

（3）在进行背景调查时，应当选择哪些部门作为目标单位？

5. 某公司是由三家电气维修厂组建的新企业，公司新领导根据未来发展的需要，决定面向社会公开招聘一批设计专业技术人才。公司人力资源部是在原有企业劳动人事科基础上组建的，新上任的人力资源主管小章具有一定的招聘工作经验，人力资源部主任决定由小章具体负责这次设计专业技术人才的招聘工作。

请结合本案例回答以下问题：

（1）设计专业技术人才的招聘广告，一般应包含哪些具体内容？

（2）在设计和撰写专业技术人才招聘广告时，应当特别注意哪些具体事项？

6. 某公司面向未来，确立了成为世界一流企业的战略发展目标。围绕这一目标，该公司必须建立一支具有核心竞争力的管理队伍。为此，该公司决定从今年开始，针对中高层管理岗位，采用竞聘上岗的新模式实行聘任制。

请结合本案例，分析说明该公司应按照怎样的程序组织竞聘上岗工作。

参考答案

一、选择题

（一）单选题

1. B	2. C	3. D	4. B	5. C
6. B	7. C	8. A	9. D	10. D
11. A	12. D	13. D	14. A	15. B
16. A	17. A	18. D	19. B	20. B
21. D	22. D	23. D	24. B	25. D
26. C	27. D	28. D	29. C	30. B
31. D	32. D	33. B	34. C	35. A
36. A	37. D	38. D	39. C	40. B
41. B	42. A	43. C	44. C	45. B
46. A	47. C	48. D	49. A	50. A

（二）多选题

1. ABCD	2. ABCD	3. AB	4. ABCD	5. ABC
6. BDE	7. ABCDE	8. ABC	9. ABD	10. ABCDE
11. ACD	12. ACE	13. ABCDE	14. ABCD	15. ABC
16. ABCDE	17. ABCD	18. ABC	19. ABCDE	20. ABCDE
21. ABC	22. ABCDE	23. ABCE	24. AC	25. ABCD
26. AB	27. ABCDE	28. ACD	29. ABCD	30. ABC

二、简答题

1.【答案要点】

（1）内部招聘的优势。

1）准确性高。从招聘的有效性和可信性来看，企业对内部员工的了解更加全面、可靠，提高了招聘决策的成功率。

2）适应较快。从运作模式来看，现有的员工更了解本企业的运营模式，与从外部招聘的新员工相比，他们能更快地适应新的工作。

3）激励性强。从激励方面来分析，内部招聘能够给员工提供发展的机会，强化员工为企业工作的动机，也增强了员工对企业的责任感。

4）费用较低。内部招聘可以节约大量的费用，同时还可以省去一些不必要的培训项目，减少了企业因岗位空缺而造成的间接损失。

（2）内部招聘的局限。

1）因处理不公、方法不当或员工个人原因，可能会在企业中造成一些矛盾，产生不利的影响。

2）容易造成“近亲繁殖”。同一企业内的员工有相同的文化背景，可能会产生“团体思维”现象，抑制了个体创新，尤其是当企业内部重要岗位主要由基层员工逐级升任，就可能会因缺乏新人与新观念的输入，而逐渐产生一种趋于僵化的思维意识，这将不利于企业的长期发展。

3）内部招聘，尤其是从企业内部提拔管理人员，有可能出现“照顾性提拔”的倾向，将不符合条件人员提拔到其所不能胜任的岗位上工作。

2.【答案要点】

（1）工作岗位空缺的信息发布迅速，能够在较短时间内就传达给外界。

（2）同许多其他方式相比，广告的某些发布渠道成本比较低。

（3）在广告中可以同时发布多种类别工作岗位的招聘信息。

（4）广告发布方式可以给企业留出足够的时间、机会和空间，挑选企业所需要的各类人才。

（5）对于招聘初级、中级水平的一般员工来说，分类广告是一种富有成效的招聘手段。

（6）企业还可以利用广告渠道发布遮蔽广告。遮蔽广告是指在招聘广告中不出现招聘企业名称的广告，采用遮蔽广告的原因有：企业不愿意暴露自己的业务区域扩展计划，不想让竞争对手过早地发现自己在某一个地区开始招聘人才；企业不愿意让在职员工发现，企业正在试图从外部来补充某些岗位的人员空缺。

3.【答案要点】

一般来说，招聘广告的内容包括以下六个部分。

（1）单位情况简介。

（2）岗位情况介绍。

（3）岗位任职资格要求。

（4）相应的人力资源政策。

（5）应聘人员的准备工作。

（6）应聘的联系方式。

4.【答案要点】

（1）申请表要从应聘人员角度出发设计，为此，要将表中同类问题归为一组填在表中，且要尽可能采取“是”或“非”的简洁回答方式，使用通俗的语句。

（2）申请表的设计应考虑企业的目标，便于人员招聘的组织与管理工作。具体来说，应聘申请表所采集的资料应当便于存储、处理和检索，成为人力资源信息库中最重要的信息来源之一。

（3）申请表应采取多种形式，按不同人员类型分别设计。

5.【答案要点】

（1）正确选择企业简介的形式。

不同规模的企业会选用不同的形式来编写企业简介。同时也要满足企业人员招聘活动的需要，使企业简介的作用发挥得恰到好处。

（2）收集整理企业的相关资料。

一家企业在发展过程中会做备忘录、大事记等，这些资料是编写企业概况的重要依据，同时还要到各个部门收集相关资料。收集到大量资料后，要对其进行整理。要注意资料的时效性，尽可能采用最新、最全、最为可信的资料。

（3）确定企业简介的基本内容。

先征求主管领导的意见，结合所要采取的形式编写内容大纲。然后根据整理好的资料进行内容的编写，应严格按照编写原则进行。内容完成后交由主管领导审核，并说明内容编排的基本思路、信息的来源和数据的真实可靠程度。经有关主管领导讨论后，应对企业简介的结构、图表、文字或者画面、配音、解说词、脚本等提出具体的最终修改意见。

（4）企业简介的制作。

企业简介的内容和结构确定之后，便进入制作阶段。要根据简介的形式和规格确定由谁负责完成企业简介的制作工作，是由企业内部独立制作，还是聘请专门的设计公司完成制作，这取决于企业自己的实际情况和经济条件。

6.【答案要点】

（1）保证企业得到高额的回报。

（2）降低员工的辞退率与辞职率。

（3）为员工提供公平竞争的机会。

7.【答案要点】

（1）针对性强。可以根据企业的需要，选择学校，选择专业，选择特殊的专长。

（2）选择面大。学校是培养人才的基地，专业广，可供选择的人员多，具备各种专长的也大有人在，因此，选择的机会要比校园外多得多。

（3）层次清晰。校园招聘有较低层次的中专、大专，也有中等层次的本科，还有较高层次的硕士和博士，这种清晰的选择层次只有校园招聘能具备。

（4）战略性强。由于校园人才的层次多，人数多，可供挑选的机会多，适宜进行战略性人才选择和储备部分优秀人才。

（5）人才单纯。校园招聘的学生社会阅历浅，大部分从校门到校门，思想比较单纯，可塑性强，接受能力强。

（6）成功率高。校园招聘可信度高，既无须辨认应聘人员证件的真伪，又有学校相关部门的领导、老师提供的各种学业证明与品行鉴定，还能通过与本人或其同学的交流，了解到更全面、准确、可靠的信息，因此成功率高、失误率低。

（7）认可度高。如果企业对其培养、任用得当，人才对企业的认可度会较高，忠诚度也会较高。

8.【答案要点】

（1）公布录用名单。

此阶段的任务是依照员工录用的原则，避免主观武断和不正之风的干扰，把选择阶段多种考核和测试结果组合起来，进行综合评价，从中择优确定录用名单。录用名单确定后，张榜公布，公开录用，以提高透明度。

（2）办理录用手续。

1）通知应聘人员。

通知应聘人员是录用工作的一个重要部分。通知无非有两种，一种是录用通知，另一种是辞谢通知。

①通知被录用者。

在通知被录用者方面，最重要的原则是及时。在录用通知书中，应该讲清楚什么时候开始报到，在什么地点报到，同时应该附如何抵达报到地点的详细说明和其他应该说明的信息。

②回绝应聘人员。

在选择过程中的任一阶段，求职者都可能被拒绝。如果初步面试表明求职者明显不符合要求时，对其伤害可能较小。

应该采用同样的方式通知所有企业未录用的应聘人员。如果用电话通知一个应聘人员没有被录用的消息，那么所有的落选应聘人员都应该采用电话的方式进行通知。

2）关注拒聘者。

无论企业如何努力吸引人才，仍会发生接到录用通知的人不能来企业报到的情况。对于那些企业看重的优秀应聘人员，这是一件企业不希望发生的事情。这时，企业人力资源部，甚至最高层主管应该主动打电话询问被录用者，并表示出积极的争取态度。

如果在招聘活动中，企业被许多应聘人员拒聘，就应该考虑自己的条件是否太低。问清楚应聘人员为什么拒聘，从中也许可以获得一些有用的信息。

9.【答案要点】

（1）员工安排与试用。

员工进入企业后，企业要为其安排合适的岗位。一般来说，员工的岗位均是按照招聘的要求和应聘人员的应聘意愿来安排的。安置工作的原则是用人所长，人适其岗，使人与事的多种差异因素得到最佳配合。员工安排即员工试用期的开始。试用期是对员工的职业能力与潜力、个人品质与心理素质的全面考核期。根据我国《劳动法》《劳动合同法》等相关法律的规定，试用期一般为3~6个月。

员工持有录用通知后，企业必须在1个月之内与员工签订劳动合同，以便于维护用人企业和被录用员工双方的合法权益。

（2）正式录用。

员工的正式录用即通常所称的“转正”，是指试用期满，且试用合格的员工正式成为该企业成员的过程。员工能否被正式录用关键在于试用部门对员工考核的结果，企业对试用员工应坚持公平、择优的原则进行录用。

10.【答案要点】

（1）员工信息管理是企业全方位考察员工的必要手段，是人力资源管理活动中必不可少的工具之一。

（2）员工信息管理为企业处理员工的有关问题提供了依据和凭证。

（3）员工信息管理为企业制定人力资源管理等政策，以及人才学、心理学等学科的研究提供了原始资料。

三、计算题

【答案要点】

（1）填写表格。

	绩效一般组	绩效优秀组	总人数	优秀组百分比	权重
婚姻资料					
未婚	35	15	50	30%	3
已婚	27	75	102	74%	7
教育					
高中毕业	13	14	27	52%	5
职高毕业	28	25	53	47%	5
大学毕业	40	80	120	67%	7
曾经担任					
作业组长	13	14	27	52%	5
项目主管	28	30	58	52%	5
项目经理	25	30	55	55%	6
总经理	0	0	—	—	—

（2）这是加权招聘申请表的设计过程。该招聘申请表是根据企业过去的统计资料，或者由社会权威机构对应聘人员的条件，按照重要性程度确定相应的权数，从而对应聘人员自身条件进行综合评价分析的一种表格形式。

四、综合分析题

1.【答案要点】

为了保证招聘取得令人满意的结果，必须正确回答并解决好的基本问题包括：

（1）计划期内，将有哪些岗位出现人员空缺？哪些岗位需要补充或储备人才？

（2）计划期内需要招聘人员的岗位有何要求？需要招聘多少人？招聘什么样的人？

（3）企业人员招聘的主要来源是什么？通过哪些渠道和途径补充人员？如何补充？

（4）采用哪些具体的程序、步骤和方法对应聘人员进行初选？在此基础上，如何进行细选、精选，确认出若干符合条件的候选人？

（5）在上述人员选拔的各个阶段中，面试、笔试、素质测评、心理测评等各种人事测量将如何进行组织，将分别起到哪些主要作用？

（6）在人员招聘中本企业各类员工的调配和升迁将处于何种地位？各类岗位人员的升降将如何进行合理的安排？

2.【答案要点】

（1）校园招聘的流程包括：

1）校园招聘的准备工作。

2）校园招聘面试题目的设计。

3）校园招聘的具体实施。

实施校园招聘的具体步骤是：

1）向学校相关部门的领导、老师了解应聘人员的在校表现。

2）初步筛选，确定初步入选的应聘人员的联系方式，并决定招聘意向。

3）进行讨论、比较，初步确定录取人选。如果招聘小组中包含具有录用决策权的主管，也可以与某些特别中意的人选签约，以免他们被别的企业挖走。

（2）为了提高校园招聘的质量，可采用单独的校园招聘面试的形式，由于通过校园招聘的毕业生进入企业，通常必须从基层做起，因此面试要达到的目标也比较简单，面试的重点是测试毕业生的以下三项指标：

1）知识面；

2）应变能力；

3）素质和潜力。

3.【答案要点】

（1）一般来说，设计招聘广告时应包括以下几部分内容：

1）单位情况简介；

2）岗位情况介绍；

3）岗位任职资格要求；

4）相应的人力资源政策；

5）应聘人员的准备工作；

6）应聘的联系方式。

（2）设计和撰写招聘广告时，还应该特别注意：

1）真实。招聘单位必须保证招聘广告内容客观、真实，并且要对虚假广告承担法律责任。对广告中所涉及的录用人员劳动合同、薪酬、福利等政策必须兑现。

2）合法。广告中出现的信息要符合国家及地方的法律法规和政策规定。

3）简洁。广告的编写要简明扼要，重点突出招聘的岗位名称、任岗资格、工作职责、工作地点、薪资水平、福利待遇等内容。

4.【答案要点】

（1）该公司在人员选拔的过程中主要存在以下失误：

1）人员筛选的过程过于简单，面试的组织工作不够精细。

2）没有进行详细的背景调查，以全面掌握应聘人员的相关信息。

3）没有进行能岗匹配分析，明确该岗位对应聘人员的具体要求。

4）没有对新入职人员进行必要的职前培训。

（2）背景调查可以采用以下两种方式：

1）可以委托中介机构进行。选择一家具有良好声誉的咨询公司，提出需要调查的项目和时限要求即可。

2）如果工作量小，也可以由本公司人力资源部操作完成。

（3）根据调查内容，可将目标单位分为三类，分头进行背景调查：

1）学校学籍管理部门。

2）曾经就职过的公司。

3）档案管理部门。

5.【答案要点】

（1）一般来说，设计招聘广告时应包括以下六部分内容：

1）单位情况简介。单位情况简介最好以简洁的语言介绍，同时介绍的内容应该是单位最具特色和富有吸引力的特点。另外，要使用单位的标识，并提供单位的网址。

2）岗位情况介绍。对招聘岗位的介绍通常包括岗位名称、所属部门、主要工作职责等。

3）岗位任职资格要求。必须对应聘人员的基本任职条件提出要求，包括专业范围、工作经验。

4）相应的人力资源政策。招聘广告中，如有需要，可以提及应聘岗位能够享受的相应人力资源政策，包括薪酬水平、劳动合同、培训机会等内容。

5）应聘人员的准备工作。招聘广告中，如有需要，可以注明应聘人员必须准备哪些材料。

6）应聘的联系方式。应提供单位的通信地址、传真号码或者电子邮件地址，一般情况下不必提供电话号码。另外，还应提供应聘的时间范围或截止日期。

（2）除时刻牢记招聘广告设计的上述原则外，在设计和撰写招聘广告时还应注意以下事项：

1）真实。招聘单位必须保证招聘广告的内容客观、真实，并且要对虚假广告承担法律责任。对招聘广告中所涉及的录用人员劳动合同、薪酬、福利等政策必须兑现。

2）合法。招聘广告中出现的信息要符合国家及地方的法律法规和政策。

3）简洁。招聘广告的编写要简明扼要，重点突出招聘的岗位名称、任岗资格、工作职责、工作地点、薪资水平、福利待遇等内容。

6.【答案要点】

公司组织竞聘上岗工作时，可根据具体情况按以下步骤进行：

（1）发布竞聘公告，内容包括竞聘岗位、职务，职务说明书，竞聘条件，报名时间、地点、方式等。

（2）对应聘人员进行初步筛选，剔除明显不符合要求的应聘人员。

（3）组织相关的“文化考试”或“技能考试”，组织必要的与竞聘岗位有关的其他测试。

（4）在初选的基础上，对候选人进行情景模拟测试。

（5）组织“考官小组”进行综合全面的“诊断性面试”，面试指标体系的设计和权重体系的设计是至关重要的，一定要有针对性，不同的企业应采用不同的指标体系和权重体系。

（6）辅以一定的组织考核，对应聘人员以往的工作业绩、实际的工作能力、群众对其的认可度等进行考核，并按 1∶3 的比例选拔出最终候选人，推荐给企业领导。

（7）按德、才、能、识、勤、绩、体对后备人选进行全面衡量，作出最终的人事决策。

（8）正式张榜公布竞聘上岗的结果，并履行人事任命手续。

第三章　培训与开发

基本内容与要求

一、基本内容

本章主要介绍了企业员工培训与开发的作业流程与计划设计、企业员工培训的需求分析、企业员工培训的分类设计、企业培训经费核算与控制。具体内容包括：企业员工培训与开发的作业流程；企业员工培训与开发计划的初步设计；企业员工培训的需求分析；岗前培训、在岗培训、脱产培训、课堂培训、现场培训、自学；企业培训经费核算与控制。

二、学习要求

1. 掌握企业员工培训与开发的内涵和企业员工培训与开发系统的作业流程。

2. 掌握企业员工培训与开发计划的概念和种类、地位和作用，掌握员工培训与开发计划设计的主要内容、制订员工培训与开发计划的依据，以及企业员工整体培训与开发计划的初步设计。

3. 掌握培训需求产生的原因、培训需求分析的含义与作用，以及培训需求分析的一般程序、培训需求信息的采集与分析，能够利用技术模型分析培训需求；掌握员工培训需求分析应把握的关键点，以及培训需求的组织评估与确认的方法。

4. 掌握员工培训的分类，以及岗前培训的内容和员工手册的内容；熟悉岗前培训的实施方法并掌握岗前培训的步骤。

5. 掌握各种在岗培训的类别和内容，以及在岗培训计划的制订和在岗培训的设计方法。

6. 掌握脱产培训的类型，熟悉脱产培训的管理方法。

7. 掌握各种课题培训方法的优点和缺点，能够具体组织实施各种各类的课堂培训，采用各种方法进行教室的布置，并提前完成课堂培训的各项准备工作；掌握讲授法、研讨法、案例分析法的应用。

8. 熟悉现场培训的内容和对象；掌握现场培训的方法、适应性现场培训的程序，以及以改善绩效、培养人才为目的的现场培训程序和方法。

9. 熟悉自学的适用范围，掌握各种自学的组织方式与步骤。

10. 掌握培训成本的概念与构成，以及培训成本信息的采集、核算员工培训成本的方法、培训经费预算方案的编制；熟悉培训成本收益的分析，掌握核算培训项目收费标准的程序和方法。

辅 导 练 习

一、选择题

（一）单选题

1. 企业开展员工培训与开发的直接目的是（　　）。

A. 提高员工综合素质

B. 改进和弥补差距

C. 优化工作流程

D. 实现员工进步与企业发展的双赢

2. 关于员工培训与开发的特性，下列说法中不正确的是（　　）。

A. 员工培训与开发是企业的助推器

B. 企业架构问题可以依靠培训与开发解决

C. 员工培训与开发具有综合性

D. 员工培训与开发效果具有隐藏性

3. 员工培训是创造（　　）的基本途径。

A. 员工资产　　B. 物力资产

C. 企业资产　　D. 智力资本

4. 员工培训与开发对企业的意义不包括（　　）。

A. 增强企业对外部环境的适应性

B. 增强员工职业的稳定性

C. 提高企业员工的整体素质

D. 提高企业自身改革和创新的能力

5.（　　）是企业开展员工培训与开发的重要依据。

A. 培训需求　　B. 战略导向

C. 培训计划　　D. 培训目标

6. 在企业员工培训流程的需求确认阶段，首要任务是（　　）。

A. 需求分析　B. 确认培训

C. 提出需求意向　D. 确定培训师及受训人员

7. 在进行培训需求分析时，排他分析是指排除由（　　）引起的绩效差距。

A. 员工素质　B. 非人为因素

C. 员工能力　D. 能岗不匹配

8. 企业培训主管部门在实施培训的过程中，其主要工作内容不包括（　　）。

A. 考核受训人员　B. 实施培训

C. 考核培训师　D. 培训奖惩

9. 制订培训计划的步骤如下：①确定培训时间；②确定培训内容；③确定培训方式；④确定受训人员；⑤费用核定与控制。下列选项中，正确的排列顺序是（　　）。

A. ①②③④⑤　B. ②①③④⑤

C. ④②①③⑤　D. ②①④③⑤

10.（　　）是企业员工培训与开发的首要环节，在员工培训与开发的体系中具有极其重要的地位和作用。

A. 培训与开发计划　B. 培训与开发实施

C. 培训与开发评估　D. 培训与开发改进

11. 企业培训应当以（　　）为中心。

A. 员工　B. 培训师

C. 组织目标　D. 培训管理人员

12. 对理想需求与现实需求，或者预测需求与现实需求之间的差距，最了解情况、最有发言权的人员不包括（　　）。

A. 各职能部门主管　B. 培训管理人员

C. 各业务部门主管　D. 各级在岗员工

13. 培训的管理工作应当以（　　）为主导。

A. 培训师　B. 受训员工

C. 培训管理人员　D. 组织管理者

14. 下列关于现代企业有效的培训系统的说法，不正确的是

（　　）。

A. 最终能够有效地改善企业的经营业绩

B. 促进了员工现在和未来工作绩效的提高

C. 最终目的是在企业中最大限度地实现能岗匹配

D. 主要通过学习训练等手段提高员工的工作能力

15. 短期培训计划是指企业在（　　）年以内的季度或月度培训计划。

A. 1　　B. 2

C. 3　　D. 4

16.（　　）就是要求培训计划从目标设立到实施的程序和步骤，从培训对象的确定到培训的内容、培训方式方法和培训师的选择，乃至评估标准的制定，都应当保持统一性和一致性。

A. 有效性　　B. 系统性

C. 普遍性　　D. 标准化

17.（　　）能把成本因素与产出因素引入培训成本与价值评估系统中。

A. 培训教学设计　　B. 培训计划设计

C. 培训需求分析　　D. 培训效果评估

18. 在分析培训需求的技术模型中，（　　）主要适用于操作性员工。

A. 循环评估模型　　B. 任务—绩效评估模型

C. 胜任力特征模型　　D. 培训需求差距分析模型

19. 衡量培训效果最常用的经济指标是（　　）。

A. 产值增长率　　B. 投资回报率

C. 劳动生产率　　D. 绩效成本率

20. 培训需求分析具有很强的（　　），是确定培训目标、设计培训计划、有效实施培训的前提，是现代培训活动的首要环节，是进行培训评估的基础。

A. 指导性　　B. 前瞻性

C. 习惯性　　D. 分析性

21. 有效的培训需求体系着眼于符合企业战略目标的（　　），而不是头疼医头、脚痛医脚的“救火工程”。

A. 企业问题　　B. 组织目标

C. 核心需求　　D. 员工需求

22. 企业若要进行全员培训，应采用（　　）。

A. 岗前培训　　B. 脱产培训

C. 在岗培训　　D. 轮岗培训

23. 岗前培训的（　　）决定了某些新员工尽管有一定工作经验，但由于企业和具体工作的特点，仍须接受培训。

A. 全面性　　B. 专业性

C. 适应性　　D. 针对性

24. 在岗前培训会务准备工作中，应由新员工的直属上司执行（　　）的指导。

A. 技术性　　B. 共同性

C. 基础性　　D. 特定性

25. 企业在（　　）阶段的工作任务是：帮助新员工建立与同事和工作团队的关系，形成符合实际的期望和积极的态度。

A. 转岗培训　　B. 晋升培训

C. 岗位资格培训　　D. 岗前培训

26. 岗前培训的特点不包括（　　）。

A. 专业化培训　　B. 非个性化培训

C. 基础性培训　　D. 适应性培训

27.（　　）是培训执行者为记录和控制与培训相关的无数细节的最有价值的工具。

A. 反馈表　　B. 考核表

C. 检查表　　D. 培训提纲

28. 在岗前培训内容中，行为规范和共同价值观属于（　　）的范畴。

A. 企业文化　　B. 经营理念

C. 企业精神　　D. 规章制度

29. 在人力资源部门对新员工进行一般性的指导中，不包括（　　）内容。

A. 就职规则　　B. 员工福利

C. 劳资关系　　D. 经营网络

30. 关于岗前培训，下列说法不正确的是（　　）。

A. 组织性和规范性强

B. 对新员工具有导向性作用

C. 主要采取课堂教学、开办讲座等形式进行

D. 要求受训人员在特定时间内集中精力于某一特定专题学习

31. 在岗前培训内容与效果的跟踪调查中，不包括（　　）内容。

A. 岗前培训活动是否适当

B. 培训内容是否容易理解

C. 岗前培训是否有激励作用

D. 企业领导对岗前培训的认可度

32. 制订在岗培训计划的首要工作任务应当是（　　）。

A. 确定培训的项目和内容　　B. 调查企业员工现状

C. 确定培训项目的目标　　D. 确定培训指导负责人

33. 关于晋升培训的特点，不包括（　　）。

A. 以员工发展规划为依据　　B. 培训时间长

C. 培训内容多样　　D. 主要采用实践锻炼的方法

34. 企业制订在岗培训计划时，要根据员工现状调查分析的结果，确定（　　）年内各职级必须参加培训的人数及培训要点，并预测培训的有关变动情况。

A. 两　　B. 五

C. 七　　D. 十

35. 岗前培训的专业内容不包括（　　）。

A. 技能　　B. 业务知识

C. 生产特点　　D. 管理实务

36. 晋升培训设计主要包括任职前培训阶段和（　　）阶段。

A. 在职培训　　B. 外出提高培训

C. 任职后培训　　D. 理论技能训练

37. 在管理人员教程培训中，二级培训的对象是（　　）。

A. 具有管理潜能的员工

B. 具有较高潜能的初级管理人员

C. 负责核心流程或多项职能的管理人员

D. 管理业务或项目并对其业绩全权负责者

38. 下列关于以改善绩效为目的的培训的说法，不正确的是（　　）。

A. 要求企业具有客观、公正的考核制度

B. 主要适用于绩效未达到要求、绩效下降的员工

C. 以一对一指导为主要方法

D. 是岗前培训的延续

39. 在管理人员教程培训设计中，二级培训的培训日程应为与工作同步（　　）个月的培训。

A. 6　　B. 12

C. 18　　D. 24

40. 根据培训内容，脱产培训可以分为（　　）。

A. 学历培训和更新技能的培训

B. 企业内部脱产培训和外部脱产培训

C. 员工短期脱产培训和长期脱产培训

D. 分阶层脱产培训和分专业脱产培训

41. 分专业脱产培训的特点，不包括（　　）。

A. 强调培训的专业性

B. 强调培训内容的单一性

C. 强调专业知识和技能的层次

D. 具有定期轮训的特性

42.（　　）适合于管理人员或技术人员了解专业技术发展方向或当前热点问题等方面知识的传授。

A. 讲授法　　B. 研讨法

C. 专题讲座法　　D. 案例分析法

43.（　　）有利于培养团队意识，可以在桌与桌之间进行沟通，不离开位置就能组成新的小组，培训师可以在各桌之间巡视，并且加入任何一组。

A. U 形布置法　　B. 环形布置法

C. 臂章形布置法　　D. 圆桌分组布置法

44. 单排的 V 形布置法适合的培训，一般以（　　）人以下为宜。

A. 25　　B. 20

C. 15　　D. 10

45. 强调理解讨论法中，小组的讨论效率的计算方法是（　　）。

A. 团体得分 / 满分 ×100%

B.（团体得分 – 个人平均分）/ 满分 ×100%

C. 团体得分 /（满分 – 个人平均分）×100%

D.（团体得分 – 个人平均分）/（满分 – 个人平均分）×100%

46. 在课堂培训的研讨法中，头脑风暴法是为了（　　）。

A. 培养综合能力　　B. 开发创造力

C. 改善人际关系　　D. 学习职业行为

47. 关于工作轮换法的优点，不包括（　　）。

A. 丰富受训人员的工作经验

B. 帮助受训人员找到自己的位置

C. 改善部门间的合作

D. 鼓励“通才化”

48. 人力资源部门对自学的管理不包括（　　）。

A. 制订自学计划　　B. 指导员工进行自学

C. 提供学习资料　　D. 检查评价自学效果

49. 员工培训成本的构成中，不包括（　　）。

A. 人员定向成本　　B. 在职培训成本

C. 脱产培训成本　　D. 间接培训成本

50. 核定培训项目收费标准时，管理费用系数（Y）一般控制在（　　）。

A. 5%～10%　　B. 10%～20%

C. 20%～25%　　D. 30%～35%

（二）多选题

1. 员工培训与开发的原则包括（　　）。

A. 强调理论联系实际

B. 以战略为导向开展培训与开发

C. 数量应与质量并重

D. 全员培训与重点提高结合

E. 鼓励员工主动参加培训

2. 下列关于员工培训的说法，正确的是（　　）。

A. 它是一个完整的组织管理系统

B. 它是企业人力资本的投资行为

C. 它是创造智力资本的基本途径

D. 它是一个简短的单次学习过程

E. 它能使企业赢得智力资本竞争优势

3. 培训计划按照横向结构可划分为（　　）。

A. 部门培训计划　　B. 培训管理计划

C. 整体培训发展计划　　D. 培训实施计划

E. 组织培训发展规划

4. 现代企业员工的培训系统通常由多个子系统构成，一般包括（　　）。

A. 培训需求确认　　B. 培训计划制订

C. 培训组织实施　　D. 培训成本核算

E. 培训效果反馈

5. 根据培训目的，员工培训可分为（　　）。

A. 知识更新培训　　B. 专业人才培训

C. 过渡性教育培训　　D. 人员晋升培训

E. 提高业务能力培训

6. 根据培训与工作的关系，员工培训可分为（　　）。

A. 岗前培训　　B. 转岗培训

C. 在岗培训　　D. 脱产培训

E. 企业外培训

7. 设计企业培训计划时，应在（　　）之间进行平衡。

A. 正常生产与培训项目

B. 培训需求与师资来源

C. 员工绩效与组织绩效提升

D. 培训投资与人力资源规划

E. 员工培训与个人职业生涯规划

8. 培训需求分析的方法包括（　　）。

A. 管理层调查法　　B. 必要性分析方法

C. 整体性分析方法　　D. 绩效差距分析法

E. 集体（小组）讨论法

9. 培训需求产生的原因包括（　　）。

A. 战略变化　　B. 工作变化

C. 人员变化　　D. 绩效低下

E. 结构变化

10. 培训需求分析分为三个层次，在个体层次上，一般由（　　）共同对企业员工进行需求分析，确定参加培训的人员和培训内容。

A. 培训部门　　B. 后勤保障部门

C. 在职员工　　D. 培训岗位主管

E. 培训教师

11. 个人层面的培训需求分析信息的来源包括（　　）。

A. 业绩考核记录　　B. 员工技能测试

C. 培训需求问卷　　D. 质量控制报告

E. 顾客反映

12. 任务–绩效评估模型的优势在于（　　）。

A. 能够明确具体地找出培训需求

B. 操作较容易

C. 可全面展开，员工参与度高

D. 提供循环方案，可定期考察

E. 以企业战略为导向

13. 系统化的培训需求分析机制包括（　　）。

A. 组织结构及战略目标

B. 组织文化

C. 管理者对员工工作绩效的要求

D. 顾客的需求

E. 员工的自我评价

14. 培训需求调查初期所需要进行的必要沟通包括（　　）的沟通。

A. 各部门经理与培训师之间

B. 人力资源部门与培训师之间

C. 各部门经理与本部门员工之间

D. 人力资源部门与部门员工之间

E. 人力资源部门与各部门经理之间

15. 岗前培训的二阶段培训一般由（　　）组成。

A. 集中培训　　B. 部门培训

C. 分支机构培训　　D. 工作现场培训

E. 人力资源部门培训

16. 新员工的培训一般包括（　　）。

A. 文化课学习　　B. 上岗前的集中培训

C. 专业课学习　　D. 上岗后的分散培训

E. 思想品质教育

17. 为员工定制的员工手册中，涉及员工切身利益的有关政策规定包括（　　）。

A. 组织结构　　B. 人事政策

C. 工资待遇　　D. 劳动纪律

E. 行为规范

18. 入职培训的准备，主要是确定（　　）。

A. 培训时间　　B. 培训地点

C. 培训教师　　D. 培训方式

E. 培训效果

19. 在培训过程中，教室布置的决定因素有（　　）。

A. 受训人员的人数　　B. 培训成本预算

C. 课程的正式程度　　D. 课堂的控制程度

E. 培训活动形式

20. 企业岗前培训的内容主要受到（　　）等因素的影响。

A. 岗位职责　　B. 企业的生产经营特点

C. 企业文化　　D. 新员工的素质

E. 培训成本

21. 岗前培训的作用包括（　　）。

A. 降低文化冲击的影响

B. 新员工进入群体过程的需要

C. 提供新员工需要的专门信息

D. 有利于企业各级管理人员行使自己的权限

E. 打消新员工对新的工作环境不切实际的期望

22. 为了有效促进培训迁移，应该做到（　　）。

A. 合理确定培训目标　　B. 精选培训教材

C. 合理安排培训内容　　D. 多选培训教材

E. 有效设计培训程序

23. 转岗培训的方式主要包括（　　）。

A. 参加有针对性管理技术培训

B. 外出参加培训

C. 接受现场的一对一指导

D. 接受企业的定向培训

E. 与新员工一起参加岗前培训

24. 根据不同的分类方法，脱产培训可以分为（　　）。

A. 智商培训和情商培训

B. 学历培训和更新技能培训
C. 短期脱产培训和长期脱产培训
D. 组织安排的培训和个人选择的培训
E. 分层级脱产培训和分专业脱产培训
25. 分层级脱产培训的特点包括（　　）。
A. 具有定期轮训的特性
B. 强调教育培训的综合性
C. 强调培训的专业性
D. 强调标准化的教育培训
E. 强调培训对象的职务地位和层次
26. 管理理论教程的培训目的是提高参与者的（　　）。
A. 企业家潜能　　B. 自我管理能力
C. 团队建设能力　　D. 组织领导能力
E. 初级管理能力
27. 影响课堂培训效果的因素包括（　　）。
A. 培训师的教学水平　　B. 教学方法
C. 课堂时间的长短　　D. 培训内容
E. 受训人员的学习态度
28. 研讨法的特点包括（　　）。
A. 多向式信息交流　　B. 吸引受训人员积极参与
C. 利于发挥教师的作用　　D. 加深受训人员对知识的理解
E. 形式多样，适应性强
29. 培训所需的有形资本费用包括（　　）。
A. 场所的租赁费
B. 资料的购买或印刷费用
C. 外请培训师的聘用费用
D. 设备、器材的租赁费用
E. 受训人员在受训期间的工资、奖金、补贴
30. 企业投入经费进行培训，其效益体现在（　　）。
A. 受训人员可以提高完成本岗位工作的质量

B. 为企业中长期的人才需求做好储备

C. 受训人员可以完成超过本岗位技能要求的工作

D. 培训费增加，影响企业市场竞争力

E. 提高整体人员素质，提升整体工作效益和质量

二、简答题

1. 简述员工培训与开发的原则。

2. 按照培训的目的，在岗培训可以分为哪几类?

3. 简述企业员工培训与开发系统的作业流程的组成部分。

4. 简述企业组织员工开展在岗培训时，应当做好的准备工作。

5. 简述培训项目收费标准的核算方法有哪些。

三、计算题

1. 某公司拟采取委托培训方式对下属分公司的经理层举办一次为期 3 天的集中培训，参加培训的学员有 20 人。由外部培训公司 3 人和公司培训部 2 人组成专题培训小组，全面参与项目设计、实施与管理。公司培训部前期先用 2 天时间进行了专题调研，对该培训项目进行设计。在培训完成之后的 1 个月、3 个月和半年时，分别进行 3 次跟踪评估，每次 3 天。该培训项目各部分费用标准如下：外部培训公司前期的研发费用为 1 500 元 / 天，培训师的课酬为 10 000 元 / 天，培训师的交通、食宿费用为 1 000 元 / 天，培训场地及设备租赁费为 1 500 元 / 天，教材费为 100 元 / 人，学员的餐费标准为每人 20 元 / 天，外部培训公司 3 人的项目评估费为 800 元 / 天，公司培训部的人员薪资为每人 200 元 / 天，培训学员的误工费为 3 000 元 / 天。

请用资源需求模型核算该公司的培训成本。

2. 某保险公司对 50 位销售人员进行培训，培训项目设计耗时 3 天，每天的成本为 2 000 元；培训共计 5 天，培训师的课酬为 10 000 元 / 天，培训师的交通、食宿费用为 1 000 元 / 天；学员教材费为 100 元 / 人，学员的餐费为 20 元 / 人 · 天，学员的误工费为 100 元 / 人 · 天；场地租赁费用为 1 000 元 / 天，设备费用为 4 000 元；项目评估耗时 3 天，每天评估 3 次，评估费为 1 000 元 / 次；公司培训部安排 2 人专门负责此次培训，共计投入 10 天，薪资为 300 元 / 人 · 天。

请计算每位销售人员的培训成本。

四、综合分析题

1. 某公司是一家高科技生产企业，由于公司规模持续扩张和公司的经济效益稳步提升，现有在岗员工的综合素质和技能已无法满足公司快速发展的需要，这成为制约公司可持续发展的一大瓶颈。为此，人力资源部根据公司发展需求，不但重新修订了现有岗位的任职资格条件和要求，还准备在全公司范围内进行一次大规模的培训需求分析，以使人力资源与公司发展需求相匹配。请结合材料回答：

（1）员工培训需求分析一般应包括哪几个层次？每个层次应重点分析哪些内容？

（2）企业进行培训需求分析时，可采用哪些分析方法？

2. 某公司是一家生产壁炉设备的企业。几个月来，公司已经失去 3 个主要客户。经调查，主要原因是公司产品的次品率比较高，是行业平均水平的两倍。为此，培训主管王某根据公司的要求，制订了一个质量控制的培训计划，目的是使次品率降低到同行业平均水平以下。随后，公司向所有一线主管发出通知，要求他们确定哪些员工的生产质量存在问题，并派其参加公司培训。该培训项目实施情况如下。

培训目标：在 6 个月内将次品率降低到行业平均水平。

培训地点：公司的餐厅。

培训时间：培训项目分为4个单元进行，每周实施一个单元（3课时），具体时间安排在早餐与午餐之间。

培训方式：培训师讲课、学员讨论和案例研讨。准备课程时，培训师把讲义中的很多内容印发给学员，以便学员准备每个培训单元的内容。培训过程中，学员花费了相当多的时间来讨论讲义中的案例。

培训人数：每次应该有50名员工参加培训，但实际只有30人左右能够到场。一个主要原因是一线主管过分强调生产的重要性，没有让下属员工按时脱产参加培训。

培训结束后，产品的次品率并没有发生明显的变化，相关部门对该培训项目没能达到预定的目标有些失望。

请结合本案例，回答以下问题：

（1）导致该公司培训效果不明显的原因是什么？

（2）为了保证员工培训系统的有效运行，该公司必须建立、健全并完善哪些基础工作？

3. 某百货公司为提高新入职的员工有效处理顾客投诉的能力，即“康复”能力，计划实施提高服务质量的培训活动。培训部采纳了许多有效的建议，包括：

（1）让受训人员选择一个有关顾客的问题带到课堂上；

（2）给受训人员提供实践机会学会如何应对愤怒的顾客；

（3）在角色扮演期间向受训人员提供反馈；

（4）让培训师确定培训目标并将其传达给受训人员；

（5）让培训师告诉受训人员与顾客服务有关的特定行为方式。

培训部关心的是如何保证培训投入能有回报，即他们很想让员工能够有效地工作，并不断地应用从培训中获得的技能和知识。

根据以上案例，请分析该项入职培训计划的可行性。

4. 某物流公司人力资源部正在组织一次为期3天的脱产培训。在培训教室里，外聘培训师站在讲台上时而滔滔不绝，时而在白板上书写着；50多名受训人员一边听讲，一边记录要点，时不时地交头接耳，低声说着什么。下课后，受训人员聚集在一起开始讨论。

小齐说："这位培训师是从哪儿请来的？怎么这样！"

小杨说："上课前，咱们主管经理不是说了嘛，他是物流界的名师！"

小李说："还名师呢，每天自顾自地讲，也没有交流和提问！"

老毕说："老实说，你们觉得这位名师如何？我可是耐着性子听了这几天的课。本以为他会讲些实用的内容，可是这三天的培训课都快结束了，他还是一个劲儿地讲什么第三方物流，什么供应链啊。这和我们的实际工作有多大关系？"

老张说："这么匆忙安排的培训，事先也没有征求大家的意见，效果还能咋样呢！”

请根据本案例，回答下列问题：

（1）本次培训存在哪些问题？

（2）分析说明员工培训需求分析的一般程序。

参 考 答 案

一、选择题

（一）单选题

1. B	2. B	3. D	4. B	5. B
6. C	7. B	8. C	9. B	10. A
11. A	12. B	13. A	14. C	15. A
16. B	17. C	18. B	19. B	20. A
21. C	22. C	23. C	24. D	25. D
26. A	27. C	28. A	29. D	30. D
31. D	32. B	33. D	34. B	35. C
36. C	37. C	38. B	39. C	40. A
41. D	42. C	43. D	44. D	45. D
46. B	47. D	48. C	49. D	50. B

（二）多选题

1. ABCDE	2. ABCE	3. ABC	4. ABCE	5. ABCDE
6. ACD	7. ABDE	8. BCD	9. ABCD	10. AD
11. ABC	12. ABC	13. ABCDE	14. CE	15. AD
16. BD	17. BCD	18. ABC	19. ACDE	20. BCD
21. ABCE	22. ABCE	23. BCDE	24. BCDE	25. ABDE
26. BC	27. ABDE	28. ABDE	29. ABCDE	30. ABCE

二、简答题

1.【答案要点】

（1）以战略为导向开展各项培训与开发活动。

（2）强调理论联系实际，按需施教，学以致用。

（3）专业知识和技能培训与开发同组织文化和职业道德培训兼顾。

（4）培训与开发的数量应与质量并重，形式应与内容统一。

（5）全员培训和重点提高相结合。

（6）鼓励员工主动参与培训。

（7）严格考核培训成果，实施择优奖励。

（8）重视培训的成本控制与投资效益。

（9）进行培训模式的改革创新。

2.【答案要点】

按照培训的目的，在岗培训可划分为以下四类。

（1）转岗培训。转岗培训是指对已批准转换岗位的员工进行的旨在使其达到新岗位要求的培训。

（2）晋升培训。晋升培训是指对拟晋升人员或后备人才进行的旨在使其达到更高一级岗位要求的培训。

（3）以改善绩效为目的的培训。以改善绩效为目的的培训是指在绩效未达到要求、绩效下降或绩效虽达到要求但员工希望改进其绩效的情况下所进行的在岗培训。

（4）岗位资格培训。许多岗位需要通过考试取得相应资格证才能上岗，而且资格证一般几年内有效。资格证到期时，员工需接受培训并再参加资格考试。

3.【答案要点】

（1）需求确认。需求确认的目的是确定谁最需要培训，以及他们最需要培训什么，即确认培训对象和培训内容。

1）培训需求的提出。

2）需求分析。

3）培训确认。

（2）制订培训计划。

1）确定培训内容。

2）确定培训时间。

3）确定培训方式。

4）确定受训人员。

5）选择培训师。

6）费用核定与控制。

（3）教学设计。教学设计是进入实质性培训工作的第一步。这个阶段工作的成效将直接影响受训人员对培训内容的接受程度。

1）培训内容分析。

2）选择、购买、编辑培训大纲和教材。

3）受训人员分析。

4）选择确定培训方法。

（4）实施培训。实施培训是指在企业培训组织管理部门或岗位人员的组织下，由培训师实施培训，并由该培训项目的组织管理责任人组织考核评定。实施培训具体包括以下三个过程：

1）实施培训。

2）考核受训人员。

3）培训奖惩。

（5）培训反馈。培训反馈是培训组织管理部门对培训进行修正、完善的必要手段，是培训组织管理工作中必不可少的一个程序，它主要包括：

1）培训师考评。

2）培训管理考评。

3）应用反馈。

4）培训总结，资料归档。

4.【答案要点】

企业员工的在岗培训应当做好以下 7 项准备工作：

（1）安排培训师，通知参训员工培训的内容、目的、时间等。

（2）确定培训的方法，如个别指导、集中培训、会议式培训等。

（3）安排参训员工培训期间所从事工作的代理人。

（4）备齐培训所需的仪器、设施、工具等。

（5）根据工资发放的有关规定支付参训员工培训期间的工资。

（6）测定参训员工的培训作业成绩，检测的标准应随着培训的进展而定。各职级的标准可根据各职级所需的知识、技能中代表性的项目决定。

（7）制定培训计划表。

5.【答案要点】

（1）上级拨款实报实销。这种方法无须送培单位缴纳培训费，培训中心（院校）也无须核算成本，上级单位按年度或半年度实际发生培训费用金额足额拨款，全包全揽。但这种方法没有激励效果，易出现浪费现象。

（2）上级核算一个收费标准，依照每人平均培训费用缴纳。这种方法的收费标准比较模糊，送培单位经济核算程度不高。

（3）精确计算培训成本，按收支平衡略有盈余的原则收费。

三、计算题

1.【答案要点】

<table>
<tr><th>序号</th><th colspan="2">培训项目费用标准</th><th>费用预算（元）</th></tr>
<tr><td>1</td><td colspan="2">培训项目设计成本（1 500 元 / 天，2 天）</td><td>3 000</td></tr>
<tr><td rowspan="6">2</td><td rowspan="6">培训项目实施成本</td><td>2.1 培训师课酬（10 000 元 / 天，3 天）</td><td>30 000</td></tr>
<tr><td>2.2 培训师交通、食宿费用（1 000 元 / 天，3 天）</td><td>3 000</td></tr>
<tr><td>2.3 场地、设备租赁费（1 500 元 / 天，3 天）</td><td>4 500</td></tr>
<tr><td>2.4 学员教材费（100 元 / 人，20 人）</td><td>2 000</td></tr>
<tr><td>2.5 学员的餐费（20 元 / 人・天，3 天，20 人）</td><td>1 200</td></tr>
<tr><td>2.6 学员的误工费（3 000 元 / 天，3 天）</td><td>9 000</td></tr>
<tr><td>3</td><td colspan="2">项目评估费（800 元 / 天・次，3 次，3 天）</td><td>7 200</td></tr>
<tr><td>4</td><td>培训项目管理成本</td><td>培训部人员薪资
（200 元 / 人・天，2 人，2 天、3 天、3 次 ×3 天）</td><td>5 600</td></tr>
<tr><td></td><td></td><td>费用合计</td><td>65 500</td></tr>
</table>

因此该公司的培训成本为 65 500 元。

2.【答案要点】

培训总成本 = 项目设计成本 + 项目实施成本 + 项目评估费 + 项目管理费

=2 000 × 3 +（10 000 × 5 + 1 000 × 5 + 100 × 50 + 20 ×

5×50+100×5×50+1 000×5+4 000）+1 000×
3×3+300×2×10
=120 000（元）

每位销售人员的培训成本 = 培训总成本 / 销售人员总人数
=120 000/50
=2 400（元 / 人）

该公司此次培训每位销售人员的培训成本是 2 400 元。

四、综合分析题

1.【答案要点】

（1）员工培训需求分析一般包括三个层次：

1）在岗位任职人员的个体层次上进行培训需求分析。在这个层次上，培训部门、培训岗位主管共同对企业员工进行需求分析，确定参加培训的人员和培训内容。案例中，该公司为高科技生产企业，现有员工的综合素质和技能已经无法满足企业发展的需要，因此，此次培训的培训人员为该公司所有的在岗员工，培训内容为综合素质和技能培训。

2）在组织层次上进行培训需求分析。它是从客观的角度对组织的近期和中期目标以及培训效果转换的组织氛围和企业整体人力资源存量进行分析，设计员工的培训计划。案例中，该公司处于扩张阶段，需要极大地提高组织的运转能力以及发展能力，因此，培训时需要注意各部门人员的合作能力并转变组织氛围，发展学习型组织。

3）在战略层面上进行培训需求分析。战略分析不是集中在个体、部门、组织现在有效工作所需要的知识、技能和能力上，而是集中在其未来有效工作所需要的知识、技术和能力上。例如，未来需要多少或什么类型的工作人员，组织是否现在正经历或将要经历能够影响其工作方式的巨大变化等。案例中，该公司希望获得更加快速的发展，需要进行的培训包括提高整个组织的运转能力，这就需要提高管理者的领导能力并挖掘组织未来的发展潜力。因此，提高员工的学习能力和创新能力是培训的重点。

（2）培训需求分析的方法包括：

1）培训需求分析的必要性分析方法。它是指通过采集并分析信息或资料，以确定是否必须通过培训来解决个体或组织所存在的问题的方法。它包括一系列的具体方法和技术，如观察法、问答法、访谈法、讲座法、报告法等，它是被动式的分析方法，即在发生或者发现问题时应用的方法。案例中，该公司在发展受到限制时提出进行培训需求分析，可以根据观察法、问卷法、访谈法等进行培训需求分析。

2）培训需求分析的整体性分析方法。它是指通过对组织及其成员进行全面、系统的调查，以确定理想状况与现有状况之间的差距，从而进一步确定是否进行培训及培训内容的一种方法。它是培训需求分析的组织层次经常采用的一种方法。这是一种主动式的分析方法，不考虑是否有问题，而是根据企业的发展、市场及行业状况，综合进行分析，看一看是否有问题的方法。该公司在开展培训需求分析时，可以采取此类方法，通过对企业的发展、市场状况进行分析，尽快找出问题的症结，及时作出培训决策。

3）培训需求分析的绩效差距分析方法。它是一种比整体性分析方法更深刻、更直接的方法，主要集中在工作行为的结果上而不是组织系统方面。尽管绩效差距分析方法的很多策略同整体性分析方法相似，但绩效差距分析方法的作用是解决具体问题而不是进行系统的过程分析，它只侧重于结果。因此，绩效差距分析方法经常出现这种情况：确认个体问题时，整个组织系统没有被分析。案例中，该公司如果发生某个个体问题，可以根据此问题进行培训需求分析。

2.【答案要点】

（1）导致该公司培训效果不明显的原因包括：

1）没有深入分析原因，就直接断定次品率高是由于员工缺乏相关培训造成的，忽略了影响产品质量的其他各种因素。

2）培训方案的设计没有征询一线主管和员工的意见，未能得到广泛的支持。

3）一线主管重视生产，忽视培训，未让真正需要培训的员工参加培训。

4）培训安排在餐厅，并安排在早餐结束后，餐厅人员开始准备午餐期间，培训环境氛围不佳，不利于员工集中精神进行培训。

5）培训主管对培训项目的协调监督不力，控制不到位。

6）培训的方式、方法选择应加强实操性。

（2）该公司必须建立、健全并完善以下三项基础工作：

1）合理划分部门职责，将子系统功能落到实处。

①做好培训需求分析系统功能的细化。培训需求管理是对培训需求分析全过程的管理，主要包括：

A）需求意向和申报。

B）需求分析。

C）需求确认。

②做好培训的组织管理功能细化。

2）获得后勤保障部门对员工培训的支持。

3）做好培训人员及其相关资源的配置。

①培训师是保障培训系统运行的最主要的支撑点，是开展培训工作必不可少的基础条件之一。培训师一般由两部分人员组成，一部分是企业内部人员，另一部分是企业外部特约或特聘人员。

A）由企业内部人员担任培训师，有利于培训内容的讲解和传播。

B）外聘培训师对企业内人员进行培训也有着企业内部培训师无法替代的优势。

②做好培训教材的选用、编写，以及课件、教具的配置。

3.【答案要点】

该百货公司的入职培训计划的可行之处在于：

（1）该案例中的入职培训注重培训与实践相结合的方法。例如，案例中让受训人员选择一个有关顾客的问题带到课堂上，给受训人员提供实践机会学会如何应对愤怒的顾客。这种培训方式可以让员工明白培训的实用性，帮助员工进入自己的角色。

（2）采用角色扮演的培训方式。其优点是：受训人员参与性强；角色扮演中特定的模拟环境和主题有利于强化培训效果；在角色扮演过程中，受训人员之间的交流、沟通与配合可增加他们彼此之间的感情；提高受训人员的业务能力，同时加强其反应能力和心理素质。

（3）培训的内容具有针对性。例如，案例中让培训师确定培训目标并将其传达给受训人员，让培训师告诉受训人员与顾客服务有关的特定行为方式，这些方法都旨在提高培训内容的针对性，增强培训的有效性。

4.【答案要点】

（1）本次培训主要存在以下问题：

1）培训需求分析不到位，没有了解到公司员工实际的培训需求。

2）没有基于培训需求分析编制培训规划，并进行系列课程设计。

3）培训师的培训技巧不佳，没有与受训人员进行及时有效的互动交流。

4）培训内容缺乏针对性。员工需要的是解决实际问题的操作实务培训，而不是理论培训。

5）培训方法过于单一。仅采用课堂讲授的方法，会使培训效果大打折扣，应根据培训内容选择适合的培训方法。对于解决实际问题的实务培训，应当选用案例分析法、小组讨论等多种方法进行培训。

（2）为了提高培训的针对性，应按照以下程序进行员工培训需求分析：

1）准确、客观地收集各部门的培训需求信息。

2）结合公司组织分析、工作分析、人员分析的内容和结果，对收集到的培训需求信息进行分析。

3）对分析后的培训需求结果进行确认。

4）对培训过程中培训需求结果进行调整和修订。

第四章　绩 效 管 理

基本内容与要求

一、基本内容

本章主要介绍了绩效考评的前期准备、绩效信息的采集、绩效考评结果的计算。

二、学习要求

1. 掌握绩效及绩效管理的基本概念、绩效管理系统与其他子系统的关系、绩效考评指标及关联要素的描述方法、绩效考评指标权重的计算方法，以及如何应用绩效考评表格。

2. 熟悉绩效考评的特点和作用，掌握绩效信息的作用和来源；能够采集绩效信息并进行绩效信息失真的处理。

3. 掌握绩效考评得分方法的种类和特点，以及确定绩效考评等级方法的种类和特点；能够计算绩效考评结果，进行绩效管理总结，并保管绩效管理文档。

辅 导 练 习

一、选择题

（一）单选题

1.（　　）不属于绩效含义的三种典型观点。

A. 结果观　　B. 态度观

C. 行为观　　D. 综合观

2. 员工的绩效随着时间的推移会发生变化，指的是绩效的（　　）。

A. 多因性　　B. 动态性

C. 多维性　　D. 复杂性

3. 一名生产工人的绩效考评，除要考虑产量指标的完成情况以外，还要考虑产品质量、原材料的消耗率、服从纪律等各方面因素，这体现了绩效的（　　）。

A. 多因性　　B. 多维性

C. 动态性　　D. 相关性

4. 关于绩效管理的概念，理解错误的是（　　）。

A. 绩效管理是管理者与员工通过持续开放的沟通，就组织目标和目标实现方式达成共识的过程

B. 绩效管理侧重于绩效的评估

C. 绩效管理的目的之一是建立绩效优化体系，实现组织与个人绩效的有机结合

D. 绩效管理强调信息的沟通和绩效的提高

5. 绩效管理的（　　）在于对员工的绩效表现进行评价，并进行相应的奖惩以激励员工。

A. 战略目的　　B. 开发目的

C. 管理目的　　D. 组织维系目的

6.（　　）是绩效管理活动的中心环节，是考评者与被考评者双方对考核期内的工作绩效进行全面回顾和总结的过程。

A. 绩效沟通　　B. 绩效计划

C. 绩效诊断　　D. 绩效考评

7. 在企业层面，绩效管理的重要功能不包括（　　）。

A. 组织诊断功能　　B. 组织监测功能

C. 组织激励功能　　D. 组织竞争功能

8. 绩效管理可以使组织根据考核结果制订正确的培训计划，达到提高全体员工素质的目标，这体现了绩效管理的（　　）。

A. 规范功能　　B. 发展功能

C. 沟通功能　　D. 激励功能

9. 对绩效管理所获得数据资料的功能，认识不正确的是（　　）。

A. 帮助剖析现有人力资源在数量和质量上的优势和劣势

B. 为员工制定有效的职业生涯发展规划

C. 诊断企业生产经营管理活动

D. 为工作分析提供基础

10. 下列关于绩效管理制度的说法，不正确的是（　　）。

A. 一般由总则和正文两个部分组成

B. 应该详细规定绩效考评的类别、层次和考评期限

C. 考评标准应适合相同类型的所有员工，即一视同仁

D. 个人生活习惯、癖好之类琐碎内容不宜包含在绩效管理的内容之中

11.（　　）是对绩效管理标准提出的要求。

A. 系统性　　B. 明确性

C. 完整性　　D. 有效性

12.（　　）即界定绩效的具体维度及各维度的内容和权重，也就是让各层次的员工都明确自己努力的目标。

A. 定义绩效　　B. 绩效反馈

C. 绩效计划　　D. 绩效沟通

13.（ ）是对绩效管理中各个环节和工作要素进行全面监测分析的过程。

A. 绩效沟通　　B. 绩效改善

C. 绩效反馈　　D. 绩效诊断

14. 在运用四阶段模型之一设计企业绩效管理系统时，这四个阶段包括：①绩效考评；②绩效监控；③绩效反馈；④绩效计划。正确的排序是（ ）。

A. ④②①③　　B. ①④③②

C. ④③②①　　D. ①④②③

15. 在运用五阶段模型进行企业绩效管理系统的设计时，这五个阶段分别为：①绩效诊断；②绩效沟通；③绩效总结；④绩效计划；⑤绩效考评。下列选项中，排序正确的是（ ）。

A. ④②⑤①③　　B. ①④⑤③②

C. ④③②①⑤　　D. ①④⑤②③

16. 在绩效管理五阶段模型中，（ ）是绩效管理体系的灵魂。

A. 绩效考评　　B. 绩效计划

C. 绩效诊断　　D. 绩效沟通

17.（ ）具有前瞻性，其作用在于帮助员工认清方向，明确目标。

A. 绩效改善　　B. 绩效计划

C. 绩效反馈　　D. 绩效沟通

18. 下列关于考评者和被考评者，说法不正确的是（ ）。

A. 绩效指标主要由考评者制定

B. 考评者和被考评者的位置可以交换

C. 考评者和被考评者要对绩效考评标准有明确、清晰的认识

D. 绩效考评时考评者和被考评者应避免产生严重分歧

19. 绩效管理与培训开发之间存在（ ）关系。

A. 互补　　B. 相加

C. 双向　　D. 相对

20. 有效的绩效考评指标可以达到的目的不包括（　　）。

A. 支撑组织战略的实现

B. 明确工作重点，突出管理要点

C. 引导绩效行为，形成绩效合力

D. 构建和谐劳动关系

21.（　　）不属于基于绩效内容分类的绩效考评指标。

A. 能力考评指标　　B. 态度考评指标

C. 行为考评指标　　D. 业绩考评指标

22.（　　）的结果在很大程度上决定了各个人力资源管理职能是否取得了预期的效果，因而成为指导各项人力资源管理职能的“风向标”。

A. 绩效考核　　B. 岗位变动

C. 绩效管理　　D. 绩效诊断

23. 根据工作岗位说明书人员规格要求，对员工所应具备的能力素质进行评定的过程属于（　　）。

A. 能力考评　　B. 业绩考评

C. 态度考评　　D. 素质考评

24. 关于能力考评形式的理解，下列说法中不正确的是（　　）。

A. 专业能力是基于任职资格的能力考评的重点

B. 基于胜任特征的能力考评对员工更有针对性

C. 基于潜在能力的绩效考评是一种能力开发和提升的手段

D. 基于不同类型的能力考评都立足于预测员工未来的绩效产出

25. 在绩效管理的总结阶段，绩效诊断的主要内容不包括（　　）。

A. 对管理制度的诊断

B. 对企业绩效管理体系的诊断

C. 对被考评者全面、全过程的诊断

D. 对各部门主管应承担责任的诊断

26. 绩效考评主体可以分为（　　）。

A. 组织内部的上级与下级的考评者

B. 组织外部的用户与供应商考评者

C. 组织内部的考评者与组织外部的考评者

D. 组织内部的自我与同级的考评者

27. 在绩效管理中，同级考评的权重一般在（　　）左右。

A. 10%　　B. 20%

C. 30%　　D. 40%

28. 在绩效管理中，一般以（　　）为主，考评分数对被考评者的结果影响很大，占 60%～70%。

A. 下级考评　　B. 同级考评

C. 上级考评　　D. 自我考评

29. 设计选择绩效考评指标的主要依据不包括（　　）。

A. 绩效考评的目的　　B. 被考评者的工作内容

C. 绩效考评的信息　　D. 被考评者的绩效标准

30. 采用层次分析法确定绩效考评权重，其具体的步骤包括：①确立思维判断定量化的标度；②计算权重向量并做一致性检验；③构造判断矩阵；④建立层次结构模型。其正确的排序是（　　）。

A. ①③②④　　B. ④②①③

C. ④①③②　　D. ①③④②

31. 绩效考评指标权重设置的基本要求，不包括（　　）。

A. 便于计算　　B. 控制在一定范围内

C. 动态调整　　D. 由专家综合判定

32. 工作态度考评指标不包括（　　）。

A. 客户满意度　　B. 责任感

C. 主动性、积极性　　D. 纪律性

33.（　　）是绩效考评表格的核心内容。

A. 绩效考评主体　　B. 绩效考评周期

C. 员工意见陈述　　D. 绩效考评指标

34.（　　）能使员工发扬成绩、纠正错误，满怀信心地面对未来，努力工作。

A. 绩效改善　　B. 绩效反馈

C. 绩效面谈　　D. 绩效诊断

35. 下列关于员工绩效考评的说法，不正确的是（　　）。

A. 绩效标准必须客观化、定量化

B. 绩效面谈能帮助员工发扬成绩、纠正错误、努力工作

C. 确定绩效考评基础包括确定工作要项和确定绩效标准两部分内容

D. 为了达到激励员工提高绩效的目的，应该尽量将绩效标准定得高一些

36. 绩效信息是指为实现绩效目标而投入的资源的使用状况。绩效信息的作用不包括（　　）。

A. 为绩效考评提供准确的依据

B. 揭示绩效优秀与不良的原因

C. 帮助绩效改进

D. 在争议仲裁中的利益保护

37. 信息记录和收集是绩效管理的一项基础工作，这项工作的好坏对绩效管理的效果具有非常重要的影响。常见的绩效信息采集方法不包括（　　）。

A. 实地调查法　　B. 统计分析法

C. 现场记录法　　D. 问卷调查法

38. 造成绩效信息失真的原因是多方面的，但不包括（　　）。

A. 绩效信息监督机制的缺失

B. 绩效信息提供者提供虚假的数据

C. 考评者的信息处理分析能力低下

D. 组织内部绩效信息传输渠道不畅

39. 为了确保绩效信息的真实性，避免绩效信息失真的问题发生，可以采取的措施不包括（　　）。

A. 科学构建绩效考评指标体系

B. 不断完善绩效信息采集方式

C. 健全绩效信息资源开发质量保障体系

D. 对考评者与被考评者进行系统的培训

40. 下列关于考评数据分析方法的表述，不正确的是（　　）。

A. 顺序法就是将绩效分数按照其大小顺序进行排列

B. 对比分析法是将两个以上的考评结果进行对比分析

C. 能级分析法的能级划分可以是总分，也可以是结构分或要素分的划分

D. 综合分析法根据考评标准进行分析，并与别人的考评结果进行对比

41. 绩效数据分析方法中，（　　）是用一定的临界点将考评得分划分为若干等级，并对此进行考评的方法。

A. 常模分析法　　B. 能级分析法

C. 对比分析法　　D. 综合分析法

42. 在绩效数据分析方法中，（　　）将某个员工的考评结果与某个固定的岗位模式要求进行分析比较，观察考评结果与该模式相符的程度，从而对该员工的绩效进行评价。

A. 常模分析法　　B. 能级分析法

C. 对比分析法　　D. 综合分析法

43.（　　）是指事先确定各个绩效定级及对应标准，如“90分以上”为优秀，然后再根据员工的绩效考评实际得分，将其绩效考评结果划归到相应的等级上。

A. 相对定级法　　B. 综合定级法

C. 绝对定级法　　D. 简单定级法

44.（　　）是在规定了绩效等级和各等级的人员比重的基础上，首先对同级别员工的绩效考评结果进行排序，然后再按照相应的比重将其划归到对应的等级上。

A. 绝对定级法　　B. 综合定级法

C. 相对定级法　　D. 简单定级法

45. 计算绩效考评指标得分的方法中，不包括（　　）。

A. 百分率法　　B. 顺序法

C. 区间赋分法　　D. 0–1 法

46. 强制分布法的缺点是（　　）。

A. 难以控制不同等级的人员比例

B. 各评价等级间差异的内涵不清

C. 给员工的刺激性较强

D. 容易出现过松考评误差

47. 采用抽样调查法采集绩效考评信息时，其抽样方法不包括（　　）。

A. 整群抽样　　B. 间隔抽样

C. 系统抽样　　D. 单纯随机抽样

48. 关于绩效考评指标的标志和标度，两者关系的说法正确的是（　　）。

A. 一一对应　　B. 相互独立

C. 标度是标志的基础　　D. 标志是标度的表现形式

49. 通过绩效信息与绩效考评标准的比较，可以计算得出每位员工的绩效考评得分，这是（　　）方法。

A. 绩效数据分析　　B. 绩效考评指标计分

C. 绩效考评结果计分　　D. 绩效考评的等级

50. 下列关于绩效考核中强制分布法的说法，正确的是（　　）。

A. 可以在诊断工作问题时提供准确的信息

B. 可以把工作行为和工作绩效进行排序

C. 前提假设是员工的绩效水平遵从所设定的分布样式

D. 依然不能避免传统考核中绝大多数员工评价雷同的情况发生

（二）多选题

1. 绩效的多因性是指绩效的优劣受到主、客观多种因素的影响，其中客观性影响因素包括（　　）。

A. 激励　　B. 机会

C. 技能　　D. 态度

E. 环境

2. 绩效管理对员工个人的贡献包括（　　）。

A. 抑制功能　　B. 激励功能

C. 沟通功能　　D. 规范功能

E. 发展功能

3. 绩效管理对企业的贡献体现在（　　）等方面。

A. 诊断功能　　B. 监测功能

C. 沟通功能　　D. 导向功能

E. 竞争功能

4. 通常一个完备的绩效管理系统，应当对（　　）作出明确规定。

A. 绩效管理的目的　　B. 绩效管理的方向

C. 绩效考评的目标　　D. 实施考评的时间

E. 绩效考评的程序

5. 绩效管理诊断活动中，员工绩效不佳的原因可以划分成（　　）。

A. 个体的原因　　B. 组织或系统的原因

C. 指标的原因　　D. 制度方面的原因

E. 程序的原因

6. 绩效诊断的具体内容包括（　　）。

A. 对管理制度的诊断

B. 对企业绩效管理体系的诊断

C. 对绩效考评指标体系的诊断

D. 对绩效管理全面、全过程的诊断

E. 对被考评者全面、全过程的诊断

7. 按照来源的不同，绩效考评主体主要包括（　　）。

A. 上级考评　　B. 下级考评

C. 同级考评　　D. 自我考评

E. 外部考评

8. 绩效考评周期主要与（　　）有关。

A. 考评指标　　B. 企业所在行业特征

C. 职务职能类型　　D. 绩效实施的时间

E. 考评员工要求

9. 常见的绩效考评指标中，下列属于能力考评项目的有（　　）。

A. 经验阅历　　B. 协调能力

C. 创新能力　　D. 沟通能力

E. 敬业精神

10. 常见的绩效考评指标中，下列属于态度考评项目的有（　　）。

A. 协调能力　　B. 纪律性

C. 职业道德　　D. 积极性

E. 对工作制度的遵守

11. 影响绩效考评权重的主要因素包括（　　）。

A. 指标与战略的关联性　　B. 考评的必要性

C. 指标的性质　　D. 考评的基本标准

E. 考评的时间限制

12. 工作业绩指标中的质量指标包括（　　）。

A. 产品合格率　　B. 产品独特性

C. 现金周转率　　D. 税前利润率

E. 市场占有率

13. 考评员工的思考能力时，可能设置的考评项目包括（　　）。

A. 掌握本职工作业务知识程度

B. 运用新观点观察和思考事物的能力

C. 建立计划、方案，有效地完成任务的能力

D. 正确、迅速理解上司指示和本职工作业务的能力

E. 在理解的基础上正确把握现状问题，作出准确判断的能力

14. 客户满意度指标包括（　　）。

A. 投诉率　　B. 市场占有率

C. 客户流失率　　D. 员工满意率

E. 客户服务周期

15. 按照所选择的效标不同，可将绩效考评方法分为（　　）。

A. 品质主导型　　B. 能力主导型
C. 结果主导型　　D. 行为主导型
E. 综合型

16. 在绩效考评标准中，常见的考评尺度主要包括（　　）。
A. 量词式　　B. 等级式
C. 数量式　　D. 定义式
E. 评分式

17. 企业上级机构或董事会对企业高层领导的绩效考评内容包括（　　）。
A. 企业总产值　　B. 产品合格率
C. 市场占有率　　D. 企业总收益
E. 成本利润率

18. 对中层部门主管的绩效考评内容包括（　　）。
A. 产品合格率　　B. 员工劳动生产率
C. 市场占有率　　D. 计划任务完成率
E. 成本收益率

19. 下列关于绩效管理与招募甄选、培训开发的关系的说法，正确的有（　　）。
A. 绩效考评的结果是检验企业现行招募甄选系统预测效度高低的重要工具
B. 当考评结果证明人力资源供给不足时，会促进企业制定相应的招募计划
C. 绩效管理与培训开发虽然作用方式和时机不同，但是都能正确引导员工行为
D. 对比员工培训前后的绩效表现，可以对培训开发手段的效果进行评定
E. 绩效管理与培训开发的关系是单向的，它对员工培训开发影响程度有限

20. 下列关于绩效考评标准的说法，正确的有（　　）。
A. 要项应逐一分解　　B. 必须定量化

C. 应当坚持高水准　　　　D. 必须客观化

E. 是绩效考评评定的尺度

21. 绩效考评表格的内容通常包括（　　）。

A. 员工的基本信息　　　　B. 绩效考评主体

C. 考评指标及标准　　　　D. 员工的意见陈述

E. 考评权重和周期

22. 下列关于绩效考评表格中考评指标及标准的说法，正确的是（　　）。

A. 在绩效考评表格中考评指标和标准可以采用不同的形式予以展现

B. 可按照考评内容、考评维度、考评项目等将指标划分为不同类别

C. 考评标准应细分细化并在考评表中逐一显示，以便进行考评赋分

D. 最简单的设计是将考评指标全部罗列在一起，不用区分指标类型

E. 考评表格中只展现期望的目标，显示绩效标准的优秀或良好档次

23. 下列关于绩效考评的特点，以下说法中正确的是（　　）。

A. 具有层次性和针对性

B. 其出发点和终点就是企业的整体绩效

C. 与企业的发展战略、组织架构、人力资源管理、经营管理息息相关

D. 是由诸多步骤共同组合而成的行为的集合

E. 非正式的绩效考评也很重要

24. 通过绩效考评，可以发挥的作用包括（　　）。

A. 帮助员工进行自我决策

B. 员工对自己有正确的估计

C. 帮助员工找到效率低下的原因

D. 上级主管不必介入具体事务

E. 减少员工间因职责不清而引起的误解

25. 考评数据的分析方法包括（　　）。

A. 顺序法　　B. 能级分析法

C. 常模分析法　　D. 综合分析法

E. 对比分析法

26. 对绩效管理进行的定期总结主要应围绕以下（　　）等重点展开。

A. 为企业提供薪酬方面的相关信息

B. 为员工晋升、调动等人力资源计划的制订提供依据

C. 对员工士气和工作氛围进行评估，完善企业文化建设

D. 对部门及员工的业绩作出评估，提出改进的方针和措施

E. 挖掘员工的潜力，探索实现员工与企业共同发展的途径和方法

27. 绩效信息常见的来源主要包括（　　）。

A. 数据记录部门　　B. 实地调查记录

C. 专门的信息调查工具　　D. 组织内部的互评

E. 客户满意度

28. 考评数据和资料集中归档的优点有（　　）。

A. 避免考评资料的重复

B. 只需要一种存档程序

C. 工作人员能提供质量更好的服务

D. 一种存档制度能够满足各部门的需求

E. 不会出现积压、等待归档的考评资料

29. 下列关于集中归档的说法，正确的是（　　）。

A. 只需一种存档程序

B. 可以避免考评资料的重复

C. 工作人员能提供质量更好的服务

D. 不会出现积压考评资料的现象

E. 这种方法不能满足各个部门的需要

30. 下列关于考评文档安全性的说法，正确的是（　　）。

A. 文件柜应锁好
B. 考评资料应立即归档
C. 离开办公室时，应注意锁好门
D. 复印后，应取走原件
E. 考评资料只供有使用权限的人使用

二、简答题

1. 简述绩效的概念和基本特点。

2. 简述绩效管理与工作分析的关系。

3. 简述绩效信息的采集方法。

4. 绩效管理文档有哪几种分类方法？为确保考评数据资料的安全，应采取哪些具体措施？

5. 绩效考评指标主要可以划分为哪几种具体类型？选择绩效考评指标的主要依据有哪些？

三、综合分析题

1. 甲公司是一个中等规模的企业。近年来，随着市场竞争的加剧，甲公司越来越意识到，要想做大做强就必须加强绩效管理。2024 年，甲公司在各部门推行了新的绩效管理制度，希望以此来调动员工的积极性。但是，研发部门人员对绩效管理方案的意见很大。甲公司对研发部门的考评方法如下：每季度考评一次，主要考核研发人员为企业创收的情况，连续四个季度部门排名在最后两名的员工将被辞退。被考评者平时很难从主管处获得对自己业绩优劣评估的反馈和相关的指导，只是到了季度考评时，部门领导才会对其做一次排序。

请问：甲公司研发部门的绩效管理存在哪些问题？

2. A 公司是一家大型商场，包括管理人员与员工在内共有 500 多人。由于大家齐心努力，公司销售额不断上升。到了年底，A 公司开展了一年一度的绩效考评。因为每年年底的绩效考评是与奖金挂钩的，大家都非常重视。人力资源部将一些考评表发放到各个部门的经理手中，部门经理在规定的时间内填完表格，再交回人力资源部。老张是营业部经理，他拿到人力资源部送来的考评表格后，却不知该怎么办。表格主要包括了对员工工作业绩和工作态度的评价。工作业绩那一栏分为五档，每一档只有简短的评语，如超额完成工作任务、基本完成工作任务等。年初由于种种原因，老张并没有将员工的业绩目标清楚地确定下来。因此开展业绩考评时，他无法判断谁超额完成任务，谁没有完成任务。关于工作态度的评价就更难填写了，由于他平时没有收集和记录员工的工作表现情况，到了年底他仅对近一两个月的事情有一点记忆。由于人力资源部催得紧，老张只好在这些考评表上勾勾圈圈，再填上一些轻描淡写的评语后将其交给人力资源部。想到绩效考评要与奖金挂钩，老张感到这样做有些不妥，他决定向人力资源部建议重新设计本部门员工的考评方法。

请问：

（1）A 公司的绩效考评存在哪些问题有待于改进和加强?

（2）选择针对营业部员工的绩效考评方法时，应该注意哪些问题?

参考答案

一、选择题

（一）单选题

1. B	2. B	3. B	4. B	5. C
6. D	7. C	8. B	9. D	10. A
11. B	12. A	13. D	14. A	15. A
16. D	17. B	18. A	19. C	20. D
21. C	22. C	23. A	24. D	25. D
26. C	27. A	28. C	29. C	30. C
31. D	32. A	33. D	34. C	35. D
36. D	37. B	38. C	39. D	40. D
41. B	42. A	43. C	44. C	45. B
46. B	47. B	48. A	49. C	50. C

（二）多选题

1. BE	2. BCDE	3. ABDE	4. ABCDE	5. AB
6. ABCDE	7. ABCDE	8. ABCD	9. ABCD	10. BCDE
11. ABC	12. ABC	13. BCDE	14. ACDE	15. ACDE
16. ABCD	17. ACDE	18. ABDE	19. ABCD	20. ABDE
21. ABCDE	22. ABDE	23. ABCDE	24. ABCDE	25. ABCDE
26. ABCDE	27. ABCD	28. ABCE	29. ABCDE	30. ABCDE

二、简答题

1.【答案要点】

现代绩效管理研究认为绩效是工作产出的结果，以及在实现结果过程中所表现出来的行为，这里的行为可以从两个维度来进行甄别。一是能力维度，即员工在工作过程中表现出的能力的高低。二是态度维度，即员工在工作中所展现的责任感、纪律性以及团队意识等，是工作能力与工作结果之间的调节变量。

绩效的基本特点包括：

（1）绩效的多因性，是指绩效的优劣不是取决于单一的因素，而要受到主、客观多种因素的影响，即员工的激励、技能、环境与机会，其中前两者是员工自身的主观性影响因素，后两者则是客观性影响因素。

（2）绩效的多维性，是指需要从多个维度或方面去分析与考评绩效。根据考评的不同目的，可能需要选择不同的考评指标，并且各个指标的权重也不尽相同。因此，在设计绩效考评体系时往往要根据组织战略、文化以及职位特征等方面的情况设计出一个由多重考评指标组成的考评指标体系。这个体系包含多项指标，而且还要根据各种情况确定每个维度以及不同考评指标的不同权重，以区分指标的重要程度。

（3）绩效的动态性，是指员工的绩效随着时间的推移会发生变化，绩效差的可能改进转好，绩效好的也可能退步变差。如果管理者总是以一成不变的观点看待员工绩效，势必会导致绩效考评误差的出现。为了有效避免这一问题，在绩效管理过程中，一是要合理设定绩效考评周期，确保考评者能够根据考评的目的及时充分地掌握员工的绩效情况；二是可以通过合理设置指标体系、引入多元考评主体等方式，尽量确保考评出来的结果真实、客观，有效反映员工的绩效达成情况。

总之，管理者对下级绩效的考察，应该是全面的、发展的、多角度的和权变的，尽量避免主观、片面和僵化。

2.【答案要点】

绩效管理与工作分析具有双向的影响关系，工作分析的结果会影响绩效管理系统的设计方式，绩效管理的结果反过来也会对工作分析产生影响。工作分析的结果是设计绩效管理系统的重要依据。工作分析对绩效管理系统的作用表现在考评的内容必须与工作的内容密切相关，简单来说就是要做到“干什么，考什么”。为了确保绩效管理系统具有较高的效度，就必须尽力减少考评指标中缺失的部分和受“污染”的部分。在设计绩效考评指标时，首先应根据工作分析的结果按照职能和职责等的区别对各个考评涉及的职位进行分类，设计出一个大的指标体系框架，然后根据每个职位所具有的和组织的战略成功密切相关的核心职能或工作职责，对已有的指标体系框架进行具体化，从而设计出个性化的绩效考评指标。

同时，绩效管理也会对工作分析产生反作用。绩效管理的结果能够反映出岗位设置以及职责定位等方面存在的种种问题，能够对工作分析是否合理进行验证。由于在绩效管理中发现了有关的问题，人们可能需要重新进行工作设计与工作分析，重新界定有关岗位的工作职责，从而使各项工作开展得更有效率。

3.【答案要点】

（1）实地调查法。实地调查法是指考评人员到实际工作地点调查工作完成的情况，对工作地点有关人员提供的绩效信息进行客观、如实记录，并要求提供绩效信息的人员对其提供的信息进行验证签字，以确保绩效信息的准确性。

（2）现场记录法。现场记录法是指考评人员到工作现场或绩效指标要求的指定场地进行检查，采集绩效信息。

（3）数据积累法。数据积累法是指考评人员到相关数据统计或汇总的权威部门查证有关数据，采集考核信息。

（4）问卷调查法。问卷调查法是指通过向服务对象发放问卷调查表，征求服务对象的意见和满意度，以此作为绩效考评的依据。

（5）抽样调查法。在绩效考评过程中，由于受到精力和成本方面的限制，不可能对所有的内容都进行全面考评，特别是行为类指标，行为时时在进行，考评主体不可能全天候地观察所有员工的行为，因此只能采取抽检的方式，抽查员工规定绩效。

4.【答案要点】

（1）绩效管理文档有两种分类方法：

1）按字母顺序，即按字母顺序归类。

2）按数字顺序，每一个文件分配一个数字号码，文件则按数字从小到大顺序排列，每一个员工一个号码。

（2）确保考评数据资料安全的措施包括：

1）考评数据资料应立即归档，不应留在办公桌上。

2）文件柜应锁好。

3）当离开办公室时，应注意锁上办公室的门和抽屉。

4）复印考评数据资料完成后，不要忘记从复印机的玻璃板上拿走原件。

5）考评数据资料只供有权限的人使用，借用要签收。

6）清理不再需要的考评数据资料时，用碎纸机粉碎。

7）考评数据资料在办公室之间互相传递时，应始终放在文件夹中携带，以防考评数据资料散落丢失。

5.【答案要点】

（1）绩效考评指标主要可以划分为以下四种类型：

1）根据绩效的内容，可以分为能力指标、态度指标和业绩指标。

2）根据绩效的重要程度，可以分为关键绩效指标、一般绩效指标和否决指标。

3）根据指标的可量化程度，可以分为定量指标和定性指标。

4）根据被考评的属性，可以分为主观判断指标和客观考评指标。

（2）选择绩效考评指标的主要依据包括：

1）绩效考评的目的。

2）被考评者所承担的工作内容和绩效标准。

3）取得考评所需信息的便利程度。

三、综合分析题

1.【答案要点】

甲公司研发部门的绩效管理存在的问题主要包括：

（1）考核指标和标准缺乏科学性，即对研发人员的考核不应以其创收情况为主。

（2）部门主管和被考评者平时缺乏有效的沟通。部门主管对被考评者缺乏有效的绩效指导和绩效反馈。绩效管理是一个互动的过程，在这个过程中部门主管需要与下属有效沟通，及时对下属的工作进行必要的指导，帮助下属解决工作中遇到的困难和问题。

（3）考核周期不合理。研发工作需要较长的周期，对研发人员不应实行季度考评，针对创收这种长期性的指标更不能以季度为周期进行衡量。对研发这种创造性的活动，可按产品开发时间规律进行考评。

（4）对考评结果的处理不合理。研发人员的工作具有长期性，而每个季度进行排序，并据此辞退员工是不合理的，容易引发研发人员的短期行为。

2.【答案要点】

（1）A公司的绩效考评存在的问题包括：

1）考评目的不明确。绩效评估的目的是发现员工工作的长处与不足，改进员工以及组织的整体绩效，促进员工与组织的提高与发展。公司人力资源部在发放考评表格时并没有向各部门经理说明绩效考评的意义，只是简单地将绩效考评结果与奖金挂钩。

2）考评指标不准确。例如，工作业绩一栏分为五档，每一档只有简短的评语，考评指标没有量化，使考评者难以评判被考评者属于哪一档。

3）在平常的工作过程中没有关于员工工作行为的记录，考评时缺乏证据性资料，这使得考评结果的可靠性有所降低。

4）在考评过程中，考评者以被考评者近期的绩效表现代表整个考评期的表现，这种“以近概全”的方式使得考评结果的真实性有所降低。

5）考评周期设置不当。营业部的业绩考核周期过长，不利于发现、解决问题，也不利于平时收集员工的绩效信息。

（2）选择针对营业部员工的绩效考评方法时，应该注意下列问题：

1）明确考评的目的。根据营业部员工的工作特点，选择最能体现其工作要求的指标作为考评的项目，如工作业绩和服务态度等。

2）重新设计考评周期。营业部员工的工作特点决定了其考评周期不宜过长。

3）及时记录员工的绩效信息。

第五章 薪酬管理

基本内容与要求

一、基本内容

本章主要介绍了薪酬信息采集、薪酬统计分析、员工福利费用核算。具体内容包括：企业薪酬管理外部信息采集；企业薪酬管理内部信息采集；薪酬形式和计算方法；工资总额与平均工资的统计分析；社会保险缴费核算；建立工资福利与社会保险台账。

二、学习要求

1. 掌握薪酬的基本概念，薪酬管理的目标、原则和内容，薪酬管理制度的含义与构成、分类以及主要形式，薪酬信息的含义，内部薪酬信息和外部薪酬信息的内容，采集外部薪酬和内部薪酬信息的方法。

2. 掌握薪酬基础信息和结果类信息的含义和内容，企业薪酬信息的管理方式和内部薪酬信息采集的原则；熟悉薪酬政策信息和内部薪酬信息采集的步骤。

3. 掌握计件工资、计时工资、奖金、津贴、补贴等货币薪酬形式的特点和内容，以及不同形式的工资、奖金和个人所得税的计算方法。

4. 掌握工资总额的概念和工资总额管理的主要内容，以及工资总额动态指标分析和平均工资指数分析的方法。

5. 掌握员工福利的含义和社会保险的基本内容，以及养老、医疗、失业、工伤和生育五项社会保险缴费的核算与统计；熟悉员工福利费用的提取方法。

6. 熟悉台账的含义，了解企业建立工资台账、福利台账和社会保险基金台账的方法。

辅 导 练 习

一、选择题

（一）单选题

1.（　　）是用人单位以现金或现金等价物的任何方式支付给员工的报酬，包括员工从事劳动所得的各种货币与其他形式的各项利益回报的总和。

A. 薪酬　　B. 薪资

C. 薪水　　D. 工资

2. 薪酬的本质是（　　）。

A. 货币　　B. 公平的交换或交易

C. 明码标价商品贸易　　D. 自我价值的体现

3.（　　）通常指以较长时间为单位计算，数额相对固定的员工的劳动报酬。

A. 薪资　　B. 薪水

C. 奖金　　D. 工资

4. 下列属于间接薪酬形式的是（　　）。

A. 岗位津贴　　B. 奖金

C. 基本工资　　D. 员工福利

5. 概括来说，薪酬管理包括（　　）两个方面。

A. 薪酬制度设计和薪酬日常管理

B. 薪酬结构管理和薪酬日常管理

C. 薪酬制度设计和薪酬结构管理

D. 薪酬总额管理和薪酬结构管理

6. 薪酬管理的（　　）是企业向员工传递信息的渠道，也是企业价值观的体现。

A. 薪酬策略　　B. 薪酬制度

C. 薪酬水平　　　　　　　　D. 基本原则

7. 企业薪酬管理要达到的根本目标中，不包括（　　）。

A. 保证薪酬的市场竞争性　　B. 肯定员工的贡献

C. 合理控制企业人工成本　　D. 提高员工工作效率

8. 适当拉开员工之间的薪酬差距体现了（　　）原则。

A. 对外具有竞争力　　　　　B. 对内具有公正性

C. 对员工具有激励性　　　　D. 吸引人才

9. 某岗位的小时工资标准为 48 元 / 小时，该岗位的小时产量定额为 3 件 / 小时，那么生产产品的计件单价为（　　）元。

A. 144　　　　　　　　　　B. 16

C. 96　　　　　　　　　　 D. 24

10. 在销售提成制中，提成金额或提成比例的高低取决于（　　）。

A. 销货额　　　　　　　　　B. 商品单价

C. 销售量　　　　　　　　　D. 销售难易程度

11. 在技术等级工资制中，用来确定各工种起点等级、最高等级的等级线称为（　　）。

A. 工资等级　　　　　　　　B. 工资等级表

C. 工种等级线　　　　　　　D. 技术等级标准

12. 下列关于岗位技能工资制的说法，不正确的是（　　）。

A. 建立在岗位评价的基础上

B. 由岗位工资和技能工资组成

C. 有利于提高员工的技能水平

D. 岗位工资和技能工资的比例易于确定

13.（　　）是一种用量化考核方法确定员工实际工资的分配形式。

A. 计时工资制　　　　　　　B. 计件工资制

C. 薪点工资制　　　　　　　D. 结构工资制

14. 企业薪酬信息具有复杂性、隐秘性和（　　）。

A. 时效性　　　　　　　　　B. 变动性

C. 现实性　　D. 即时性

15. 下列关于薪酬信息不正确的是（　　）。

A. 企业薪酬信息指企业薪酬体系建立和运行过程中必需的关于薪酬的消息、指令、数据等内容

B. 薪酬信息的复杂性不仅给薪酬调查带来了诸多困难，也使薪酬信息的整合和比较困难重重

C. 采集薪酬信息需要一定的时间成本，因此薪酬信息的变动性也就决定了薪酬信息的现实性

D. 个人收入属于个人隐私，这增加了薪酬信息的隐蔽性

16. 单位劳动时间的最低工资数额称为（　　）。

A. 最低工资率　　B. 最低工资

C. 最低工资数额　　D. 最低工资制度

17. 对全国最低工资制度实行统一管理的国家机关是（　　）。

A. 国资委　　B. 国务院民政主管部门

C. 国家发改委　　D. 国务院劳动行政主管部门

18. 当确定最低工资率的因素发生变化时，应适时调整，但每年最多调整（　　）。

A. 一次　　B. 二次

C. 三次　　D. 四次

19.（　　）应严格执行政府颁布的工资指导线。

A. 私营企业　　B. 国有控股企业

C. 集体企业　　D. 外商投资企业

20. 下列关于工资支付的说法，不正确的是（　　）。

A. 工资应当以法定货币支付

B. 工资至少每季度支付一次

C. 工资可由用人单位委托银行代发

D. 工资可由劳动者亲属或委托他人代领

21. 用人单位依法安排劳动者在休息日工作，而又不能安排补休的，应按照不低于劳动合同规定的工资标准的（　　）支付工资。

A. 100%　　B. 150%
C. 200%　　D. 300%

22. 按照内容的不同，企业内部薪酬信息的划分不包括（　　）。
A. 薪酬政策信息　　B. 结果类信息
C. 薪酬基础信息　　D. 薪酬过程信息

23. 外部薪酬信息包括薪酬管理所处的（　　）等。
A. 薪酬策略、薪酬制度
B. 薪酬水平、薪酬等级
C. 法律环境、市场薪酬水平
D. 薪酬结构、员工的薪酬满意情况

24. 薪酬政策信息的主要内容不包括（　　）。
A. 薪酬等级评定依据　　B. 薪酬组合方式
C. 技能方面信息　　D. 特殊群体的政策倾向

25. 关于选择薪酬形式的原则，下列说法不正确的是（　　）。
A. 薪酬的发放要及时
B. 具体薪酬形式的选择要不间断地进行调整
C. 薪酬便于计算
D. 选择的具体薪酬形式要与岗位特点相吻合

26. 我国常用的计时工资制的具体形式不包括（　　）。
A. 月工资制　　B. 日工资制
C. 周工资制　　D. 小时工资制

27. 在计件工资制中，（　　）规定着单位生产时间内完成合格产品数量的标准尺度，是计件单价的依据之一，是实行计件工资制的关键。
A. 技术等级　　B. 工作等级
C. 劳动定额　　D. 劳动数量

28.（　　）是员工的工资总额按照企业的营业额或毛利等的一定比例提取。
A. 直接无限计件工资制　　B. 提成工资制
C. 直接有限计件工资制　　D. 超额计件工资制

29. 最适用于技术复杂程度高、劳动熟练程度差别大的工种的工资制度是（　　）。

A. 计件工资制　　B. 技术等级工资制

C. 计时工资制　　D. 岗位等级工资制

30. 计时工资制的优点不包括（　　）。

A. 有利于提高出勤率

B. 可反映同等级工作的差别

C. 有利于提高自己的业务水平

D. 简单易行、适应性强、适用范围广

31.（　　）规定，不论工人完成或超额完成劳动定额的多少，都按同一计件单价计发工资。

A. 直接无限计件工资制　　B. 累进计件工资制

C. 直接有限计件工资制　　D. 超额计件工资制

32. 把计时工资和计件工资结合起来运用的形式是（　　）。

A. 直接无限计件工资制　　B. 直接有限计件工资制

C. 累进计件工资制　　D. 超定额计件工资制

33.（　　）是指员工超额劳动的报酬。

A. 工资　　B. 薪资

C. 奖励　　D. 福利

34. 关于津贴和补贴的特点，不包括的选项是（　　）。

A. 具有单一性　　B. 具有激励性

C. 具有补偿性　　D. 具有较大的灵活性

35. 下列选项中，不属于工资性津贴的是（　　）。

A. 交通补贴　　B. 洗理费

C. 冬季取暖补贴　　D. 书报费

36. 下列选项中，不符合企业的工资总额政策目标的是（　　）。

A. 提高生产率　　B. 实现分配公平

C. 控制成本　　D. 规范管理

37. 某企业规定员工每天售出 200 份产品就能得到底薪 80 元，若销售业绩超过 200 份，则超出部分每份可得 0.5 元，小李某天共售出产品 320 份，则他当天的工资为（　　）元。

A. 128　　　　B. 140

C. 160　　　　D. 260

38. 下列关于奖金总额的计算公式，不正确的是（　　）。

A. 奖金总额 = 成本节约额 × 计奖比例

B. 奖金总额 = 实际利润总额 × 超额利润奖金系数

C. 奖金总额 =（年度实现销售额 – 年度目标销售额）× 计奖比例

D. 奖金总额 = 生产总量 × 标准人工成本费用 – 实际支付工资总额

39. 员工的个人扣款应在税后扣除，如列为税前扣款，则财务报表无法体现个人的还款记录。这是由于（　　）导致的。

A. 未确保核算准确性

B. 设计未完善的薪酬表格

C. 未注意各类专项核算的特殊要求

D. 未确保特殊人员的薪资核算

40. 下列选项中，不属于工资总额的项目是（　　）。

A. 计件工资

B. 符合国务院规定的发明创造奖

C. 津贴和补贴

D. 加班加点工资

41. 我国现行的养老保险体系不包括（　　）。

A. 基本养老保险　　　　B. 机关事业单位养老保险

C. 企业年金　　　　D. 个人储蓄性养老保险

42. 按国家统一政策规定强制实施的为保障广大离退休人员基本生活需要而建立的养老保险制度是（　　）。

A. 失业保险　　　　B. 企业补充养老保险

C. 个人储蓄性养老保险　　　　D. 基本养老保险

43.（　　）是指由企业根据自身经济实力，在国家规定的条件下为本企业员工所建立的一种辅助性养老保险。

A. 基本养老保险　　　　B. 企业补充养老保险

C. 企业储蓄型养老保险　　　　D. 个人储蓄性养老保险

44. 我国特有的养老保险制度类型是（　　）。

A. 投保资助型

B. 强制储蓄型

C. 国家统筹与个人账户相结合型

D. 社会统筹与个人账户相结合型

45. 下列选项中，只由企业缴纳费用的是（　　）。

A. 养老保险　　　　B. 失业保险

C. 工伤保险　　　　D. 医疗保险

46. 下列选项中，不属于失业保险的特点的是（　　）。

A. 普遍性　　　　B. 强制性

C. 社会性　　　　D. 互济性

47.（　　）的基本目的在于全面改善员工的“工作生活质量”。

A. 补充福利　　　　B. 经济性福利

C. 集体福利　　　　D. 非经济性福利

48.（　　）不受企业所有制性质、经济效益和支付能力的影响。

A. 补充福利　　　　B. 集体福利

C. 法定福利　　　　D. 个人福利

49. 企业员工福利基金按员工工资总额的（　　）从成本中提取。

A. 8%　　　　B. 10%

C. 12%　　　　D. 14%

50. 工资台账的内容包括人员的（　　）。

A. 基本工资　　　　B. 年度分红

C. 绩效工资　　　　D. 以上都是

（二）多选题

1. 广义的薪酬可以包括（　　）。

A. 工资　　　　B. 休假

C. 奖金　　　　D. 参与决策

E. 职业成就感

2. 间接薪酬包括（　　）。

A. 股票期权　　B. 晋升机会

C. 员工福利　　D. 自我发展

E. 社会保险

3. 工资总额统计不包括（　　）。

A. 计时工资　　B. 股息和利息

C. 出差伙食补助费　　D. 职工福利费

E. 计划生育独生子女补贴

4. 通过薪酬原则向员工传递的信息包括（　　）。

A. 企业为什么提供薪酬

B. 员工薪酬的具体构成

C. 员工的哪些行为是企业非常关注的

D. 员工的哪些方面有提高时才能获得更高的薪酬

E. 薪酬构成是为了对员工的哪些行为或结果产生影响

5. 企业薪酬管理的基本原则包括（　　）。

A. 对外具有竞争性原则　　B. 对内具有公平性原则

C. 合理有效原则　　D. 对员工具有激励性原则

E. 对成本具有控制性原则

6. 外部薪酬信息采集的方法包括（　　）。

A. 网络检索搜寻　　B. 标杆企业跟踪

C. 购买薪酬数据　　D. 利用招聘收集信息

E. 人际关系网络收集

7. 企业内部的薪酬基础信息包括（　　）。

A. 市场薪酬信息　　B. 岗位评价信息

C. 技能方面信息　　D. 绩效方面信息

E. 员工薪酬收入明细

8. 薪酬信息的特征包括（　　）。

A. 复杂性　　B. 渗透性

C. 隐蔽性　　D. 多样性

E. 变动性

9. 薪酬信息保密的优点包括（　　）。

A. 减少员工间的攀比行为

B. 双方协商确定，企业和员工双方对薪酬都比较满意

C. 根据环境变化可以及时调整工资

D. 明确薪酬对应的权利义务

E. 尽量达到同工同酬

10. 技术等级工资制的组成部分主要包括（　　）。

A. 工资等级　　B. 工资等级表

C. 工资等级线　　D. 技术等级标准

E. 工资标准

11. 岗位技能工资制是以（　　）等基本要素的岗位评价为基础的企业基本工资制度。

A. 劳动态度　　B. 劳动强度

C. 劳动技能　　D. 劳动条件

E. 劳动责任

12. 推行岗位技能工资制应具备的前提条件包括（　　）。

A. 健全的工作岗位分析制度

B. 健全的工作岗位评价制度

C. 对员工进行职业技能鉴定

D. 对员工进行职业技能分级

E. 健全的绩效考核制度

13. 企业在选择合适的工资制度时，需要考虑的因素一般包括（　　）。

A. 企业的盈利水平　　B. 企业所处行业的发展速度

C. 企业规模　　D. 最低工资制度

E. 工资管理成本

14. 计件工资制的具体形式有（　　）。

A. 提成工资制　　B. 超额计件工资制

C. 包工工资制　　D. 累进计件工资制

E. 薪点工资制

15. 企业薪酬制度设计的主要内容包括（　　）。

A. 薪酬策略设计　　B. 薪酬结构设计

C. 薪酬体系设计　　D. 薪酬方式设计

E. 薪酬水平设计

16. 特殊情况下的工资是指根据国家法律、法规和政策的规定，因（　　）等原因而支付的工资。

A. 婚丧假　　B. 产假

C. 停工学习　　D. 探亲假

E. 加班加点

17. 薪酬成本管理循环的构成包括（　　）。

A. 薪酬预算　　B. 薪酬决算

C. 薪酬支付　　D. 薪酬调查

E. 薪酬调整

18. 不属于最低工资的组成部分有（　　）。

A. 加班工资　　B. 加点工资

C. 计件工资　　D. 计时工资

E. 特殊工作环境下的津贴

19. 最低工资率的确定标准包括（　　）。

A. 年　　B. 月

C. 周　　D. 日

E. 小时

20. 制定工资指导线的主要依据包括（　　）。

A. 本地区年度经济增长率　　B. 社会劳动生产率

C. 城镇居民消费价格指数　　D. 城镇就业水平和价格

E. 对外贸易状况

21.（　　）应依据工资指导线，集体协商确定工资。

A. 城镇集体企业　　B. 国有企业

C. 外商投资企业　　D. 私营企业

E. 国有控股企业

22. 下列关于计件工资制特点的表述，正确的是（　　）。

A. 提高了企业薪酬的公平性

B. 有利于不断提高产品质量

C. 能够促进劳动生产率的提高

D. 有利于安全生产降低消耗

E. 能够鼓励员工改进工作方法

23. 在技术等级工资制中划分技术等级的因素包括（　　）。

A. 劳动复杂程度　　B. 劳动繁重程度

C. 定额完成程度　　D. 工作责任大小

E. 劳动精确程度

24. 工资总额外补贴项目包括（　　）。

A. 洗理费　　B. 独生子女补贴

C. 书报费　　D. 冬季取暖补贴

E. 交通补贴

25. 根据《中华人民共和国个人所得税法》，个人的（　　）均须缴纳个人所得税。

A. 工资、薪金所得　　B. 经营所得

C. 财产租赁和转让所得　　D. 特许权使用费所得

E. 偶然所得

26. 奖金的特点包括（　　）。

A. 单一性　　B. 灵活性

C. 综合性　　D. 及时性

E. 荣誉性

27. 用人单位可以代扣劳动者工资的情况包括（　　）。

A. 个人所得税

B. 其他依法需扣除的费用

C. 法院判决、裁定要求代扣的抚养费

D. 法院判决、裁定要求代扣的赡养费

E. 应由劳动者个人负担的各项社会保险费用

28. 我国的养老保险体系由（　　）组成。

A. 基本养老保险　　B. 企业年金
C. 个人储蓄性养老保险　　D. 医疗保险
E. 失业保险

29. 失业保险所需资金的来源包括（　　）。
A. 失业保险费　　B. 财政补贴
C. 基金利息　　D. 员工工资
E. 其他资金

30. 失业保险的特点体现为（　　）。
A. 普遍性　　B. 公平性
C. 强制性　　D. 社会性
E. 互济性

二、简答题

1. 简述内部薪酬信息采集的步骤和方法。

2. 简述企业工资总额动态变化的分析指标和计算方法。

3. 简述企业奖金总额和个人奖金额的计算方法。

4. 简述工资总额管理的主要内容。

5. 简述员工福利的作用。

6. 简述社会保险缴费的工作程序。

三、计算题

1. 某国有企业 A 员工的岗位工资标准是 2 750 元 / 月，4 月他缺勤 2 天，加班 11 小时，如果不考虑扣除个人所得税和各项社会保险缴费，请问他 4 月份的实际工资是多少？

2. 某公司工资统计数据见表 1，4 月为基期，5 月为报告期。

表 1　　某公司各类员工 4—5 月份工资统计表

人员类别	工资总额（元）		平均工资（元 / 人）		平均人数（人）		平均工资指数（%）
	报告期	基期	报告期	基期	报告期	基期	
	$\overline{X}_1T_1$	$\overline{X}_0T_0$	$\overline{X}_1$	$\overline{X}_0$	T_1	T_0	
技能操作人员	990 000	810 000	4 950	4 500	200	180	
工程技术人员	588 000	490 000	7 350	7 000	80	70	
经营管理人员	856 800	680 000	7 140	6 800	120	100	
合计	2 434 800	1 980 000			400	350	

请根据表 1 中的统计数据：

（1）计算该公司员工的平均工资指数，并填入表 1 中。

（2）计算分析平均工资固定构成指数和平均工资结构变动影响指数。

四、综合分析题

1. 某企业有销售人员 10 人、后勤管理人员 20 人、研发人员 10 人。该企业管理落后，薪酬水平较低，奖金分配只与员工的岗位级别、工龄相关，与员工的实际业绩没有关联，激励力度小，员工认为干好干坏都一样。现在企业需要重新设计奖金分配制度，请问需要收集哪些资料？

2. A 公司是一家民营科技企业，该公司的主营业务是提供医院信息管理系统（以下简称 HIS）服务。该公司是国家卫生健康委评审合格并准予在国内医院推广使用的 HIS 软件商之一。2016 年该公司以 Z 市人民医院为试验基地，以 Z 市大学信息学院为技术背景，以开发行业用户为市场切入点，仅仅花了几年时间，就从一家只有十多个雇员的小公司，凭借 50 万元的借款逐步发展为现在拥有 7 250 万元总资产、170 多名员工、年产值过 2 000 万元的高新技术企业，其产品已在全国十多个省（区、市）销售，在同类 HIS 软件中名列第一，且口碑极好。但 2023 年 3 月初，公司市场部李经理提出辞职申请，公司总经理因此陷入深深的不安。

市场部李经理于 2019 年 10 月加入 A 公司，他为人直率，性格外向，尤其擅长人与人之间的感情联络，这些对做市场营销工作的人员来说是非常重要的。李经理运用他个人的特长，带领市场部的人员努力工作，为公司立下了汗马功劳。但是，近一段时间，李经理的情绪很不稳定，几次向公司提出要辞职，原因是他的薪资一直没有得到提升，现仍为 1 万元 / 月，外加 0.2% 的业务提成，差旅费实报实销。李经理认为，他加入 A 公司已经 3 年多了，刚来公司时，A 公司正值创业时期，他不顾个人的利益得失，一心希望先干出成绩来，他觉得待到公司壮大以后老板一定不会忘记他。可是，公司到现在都没有提过加薪的事。1 万元对李经理来说有些拮据，每月他只留很少一部分钱自己节省着花，大部分则寄给老家的父母和妻子。2023 年 3 月，李经理收到了 B 公司发来的聘书。

尊敬的李先生：

我公司衷心邀请您加入。您的起步薪资为 3 万元 / 月，外加 0.35% 的业务提成。此外，授予您 10% 的公司股份，还可解决家属的落户及孩子的入学问题。详情请来公司面谈。

B 公司董事长梁 ××

李经理知道 B 公司是开发 HIS 软件的同行业竞争企业。B 公司在短短的两年时间里，市场份额已占到同行业的 20%。B 公司的不断发展主要依靠 Z 市大学管理学院和医学院的有力支持，成为一家非常有实力的企业。如果李经理选择跳槽，A 公司将失去许多客户。

A 公司的薪资问题由来已久，2023 年 4 月公司员工为了要求几年来的第一次加薪罢工半天。A 公司薪酬制度的完善已经势在必行。

请问：

（1）A 公司现行薪酬制度存在哪些缺陷？为什么？

（2）A 公司是否应该留住李经理？若是，应该采取什么措施？若不是，为什么？

（3）A 公司应如何改进薪酬制度？

3. 某房地产集团有一家下属物业经营管理公司。成立初期，该公司非常注重管理的规范化并充分调动员工积极性，制定了一套科学完善的薪酬管理制度，公司得到了较快的发展。随着公司规模的扩大，该公司的经营业绩却不断滑坡，客户的投诉量也不断增加，员工失去了往日的工作热情，公司出现部分技术、管理骨干离职的情况，其他人员也出现不稳定的征兆。经过对公司内部管理的深入了解和诊断，高层管理者发现问题出在公司的薪酬系统上，具体体现为技术骨干人员的薪酬水平明显低于市场水平，对外缺乏竞争力，公司的薪酬结构也不尽合理，从而导致技术骨干和部分中层管理人员流失。针对这些具体问题，该公司进行了薪酬市场调查分析，并对公司原有薪酬制度进行调整，制定了新的与企业战略和组织架构相匹配的薪资方案，从而激发员工的积极性和创造性。此后，公司发展慢慢恢复良好的势头。

请问：

（1）该公司员工流失的主要原因是什么？

（2）从中能够获得什么启示？

参考答案

一、选择题

（一）单选题

1. A	2. B	3. B	4. D	5. A
6. D	7. D	8. C	9. B	10. D
11. C	12. D	13. C	14. B	15. C
16. A	17. D	18. A	19. B	20. B
21. C	22. D	23. C	24. C	25. B
26. C	27. C	28. B	29. B	30. B
31. A	32. D	33. C	34. B	35. C
36. D	37. B	38. B	39. B	40. B
41. B	42. D	43. B	44. D	45. C
46. C	47. D	48. C	49. D	50. D

（二）多选题

1. ABCDE	2. ACE	3. BCDE	4. ACDE	5. ABDE
6. ABCDE	7. ABCD	8. ACE	9. ABC	10. BDE
11. BCDE	12. ABCD	13. ABCE	14. ABCD	15. ABCE
16. ABCD	17. ACE	18. ABE	19. BCDE	20. ABCDE
21. ACD	22. ACE	23. ABDE	24. BD	25. ABCDE
26. ABDE	27. ABCDE	28. ABC	29. ABCE	30. ACE

二、简答题

1.【答案要点】

（1）内部薪酬信息采集的步骤。

1）制订采集计划。

根据薪酬信息的使用目的，制订出周密、切实可行的信息采集计划，包括明确采集信息的种类和内容，确定采集信息的范围、划定采集对象的范围、明确信息采集者的主要职责和工作时间点等。

2）设计采集提纲和表格。

为了便于后续的信息加工、储存和传递，在进行薪酬信息采集以前，就要按照信息采集的目的和要求设计出合理的信息采集提纲和任务表格。

3）选择信息采集的渠道和方法。

根据采集信息的内容和时间安排，选择科学、有效的采集渠道和方法。

4）提供信息采集的成果。

要以调查报告、资料摘编、数据图表等形式把采集的薪酬信息整理出来，并将这些信息资料与采集计划进行对比分析，如不符合要求，还要进行补充采集。

（2）内部薪酬信息采集的方法。

1）企业内部资料收集。

2）企业内部会议。

3）薪酬满意度调查。

4）离职分析。

2.【答案要点】

对工资总额动态指标进行统计分析时，可以用以下3个指标分析其对工资总额的影响：

（1）员工人数变动对工资总额变动的影响。其计算公式为：

$$\text{员工人数变动对工资总额的影响}=\left(\text{报告期员工平均人数}-\text{基期员工平均人数}\right)\times\text{基期员工平均工资}$$

（2）员工平均工资变动对工资总额变动的影响。其计算公式为：

$$\text{员工平均工资变动对工资总额的影响}=\left(\text{报告期员工平均工资}-\text{基期员工平均人数}\right)\times\text{报告期员工平均人数}$$

（3）员工人数和员工平均工资变动对工资总额变动的影响。其计算公式为：

$$\text{报告期工资总额}-\text{基期工资总额}=\left(\text{报告期员工平均人数}-\text{基期员工平均人数}\right)\times\text{基期员工平均工资}+\left(\text{报告期员工平均工资}-\text{基期员工平均工资}\right)\times\text{报告期员工平均人数}$$

3.【答案要点】

（1）企业奖金总额的计算。

1）按企业超额利润的一定百分比提取奖金，企业奖金总额的计算公式为：

企业奖金总额 =（本期实际利润 – 上期利润或计划利润）× 超额利润奖金系数

2）按产量、销售量、成本节约量来发放奖金，根据不同情况有以下三种资金总额计算方法。

①按企业实际经营效果和实际支付的人工成本两个因素决定支付的奖金总额，企业奖金总额的计算公式为：

企业奖金总额 = 生产（或销售）总量 × 标准人工成本费用 – 实际支付工资总额

②按企业年度产量（销售量）的超额程度提取奖金，企业奖金总额的计算公式为：

企业奖金总额 =（年度实现销售额 – 年度目标销售额）× 计奖比例

③按成本节约额的一定比例提取奖金，企业奖金总额的计算公式为：

企业奖金总额 = 成本节约额 × 计奖比例

（2）个人奖金额的计算。

1）根据各项奖励规定的最高分数以及员工完成定额情况所得的分数进行计算，个人奖金额的计算公式为：

个人奖金额 =（企业奖金总额 / 各人考核总得分）× 个人考核得分

2）根据岗位贡献的大小确定岗位奖金系数，再根据个人完成定额情况的系数进行计算，个人奖金额的计算公式为：

个人奖金额＝［企业奖金总额/∑（岗位人数 × 岗位系数）］×
个人岗位计奖系数

4.【答案要点】

（1）制定工资总额管理政策。

工资总额管理政策通常由人力资源部门按照最高管理机构的方针拟定，它强调的是支付标准与规模相当的竞争性企业的相对高低的差异。

（2）确定工资总额体系。

确定工资总额体系就是确定工资总额的构成和各部分所占的比重。工资总额体系可分为三种基本模式：①高弹性模式；②高稳定模式；③折中模式。

（3）工资总额的控制和调整。

工资总额调整就是企业在实施过程中根据不断变化的实际情况和员工的反馈意见，不断加以修正和改进。

5.【答案要点】

（1）吸引优秀员工。优秀员工是组织发展的顶梁柱，现在越来越多的企业认识到，良好的福利有时比高工资更能吸引优秀员工。

（2）提高员工的士气。良好的福利使员工无后顾之忧，使员工有与组织共荣辱之感，士气必然会高涨。

（3）降低员工辞职率。员工过高的辞职率必然会使组织的工作受到一定影响，而良好的福利会使很多可能流动的员工打消流动的念头。

（4）激励员工。良好的福利会使员工产生由衷的工作满意感，进而激发员工自觉为组织目标而奋斗的动力。

（5）凝聚员工。组织的凝聚力由许多因素组成，而良好的福利无疑是其中一个重要因素，因为良好的福利体现了组织的高层管理者以人为本的经营思想。

（6）提高企业经济效益。良好的福利一方面可以使员工得到更多的实惠，另一方面用在员工身上的投资会产生更多的回报。

6.【答案要点】

用人单位应当持社会保险经办机构出具的缴费通知单，在规定的期限内采取下列方式之一缴纳社会保险费：

（1）到其开户银行或者其他金融机构缴纳；

（2）与社会保险经办机构约定的其他方式。

社会保险经办机构、用人单位可以与银行或者其他金融机构签订协议，委托银行或者其他金融机构根据社会保险经办机构开出的托收凭证划缴用人单位和为其职工代扣的社会保险费。

职工应当缴纳的社会保险费由用人单位代扣代缴。用人单位依法履行代扣代缴义务时，任何单位或者个人不得干预或者拒绝。

用人单位未按时足额代缴的，社会保险经办机构应当责令其限期缴纳，并自欠缴之日起按日加收0.5‰的滞纳金。用人单位不得要求职工承担滞纳金。

用人单位应当按月将缴纳社会保险费的明细情况告知职工本人。

用人单位应当每年向本单位职工代表大会通报或者在本单位住所的显著位置公布本单位全年社会保险费缴纳情况，接受职工监督。

三、计算题

1.【答案要点】

平均每月法定工作计酬天数 =（365－104）/12=21.75（天 / 月）

员工日工资 = 月标准工资 / 平均每月法定工作计酬天数 =2 750/21.75≈126.44（元 / 天）

该员工加班天数为 1.375 天，加班性质为普通时间加班，所以其工资倍数为 1.5，则该员工加班费 =126.44×1.375×1.5≈260.78（元）。

该员工 4 月份的实际工资 =2 750+260.78－126.44×2=2 757.9（元）

2.【答案要点】

（1）该公司员工的平均工资指数

$$总平均工资指数=\frac{\sum \overline{X}_1 \cdot T_1}{\sum T_1}:\frac{\sum \overline{X}_0 \cdot T_0}{\sum T_0}$$

=（2 434 800/400）/（1 980 000/350）

=6 087/5 657.14

≈107.6%

其中：技能操作人员平均工资指数=4 950/4 500=110%

工程技术人员平均工资指数=7 350/7 000=105%

经营管理人员平均工资指数=7 140/6 800=105%

表 1　　某公司各类员工 4—5 月份工资统计表

人员类别	工资总额（元）		平均工资（元/人）		平均人数（人）		平均工资指数（%）
	报告期	基期	报告期	基期	报告期	基期	
	$\overline{X}_1T_1$	$\overline{X}_0T_0$	$\overline{X}_1$	$\overline{X}_0$	T_1	T_0	
技能操作人员	990 000	810 000	4 950	4 500	200	180	110
工程技术人员	588 000	490 000	7 350	7 000	80	70	105
经营管理人员	856 800	680 000	7 140	6 800	120	100	105
合计	2 434 800	1 980 000	6 087	5 657.14	400	350	107.6

（2）

$$平均工资固定构成指数=\frac{\sum \overline{X}_1 \cdot T_1}{\sum T_1}:\frac{\sum \overline{X}_0 \cdot T_1}{\sum T_1}$$

=6 087/｛（4 500×200+7 000×80+6 800×120）/400｝

=6 087/｛（900 000+560 000+816 000）/400｝

=6 087/｛2 276 000/400｝

=6 087/5 690

≈107%

平均工资结构变动影响指数 $= \dfrac{\sum \overline{X_0} \cdot T_1}{\sum T_1} : \dfrac{\sum \overline{X_0} \cdot T_0}{\sum T_0}$

$= 5\ 690/5\ 657.14$

$\approx 100.58\%$

四、综合分析题

1.【答案要点】

企业重新设计奖金分配制度，需要收集以下资料：

（1）市场上同行企业的奖金分配制度；

（2）岗位分析、岗位评价、能力测评、员工定级的结果和员工的工龄信息；

（3）员工实际业绩的考核信息；

（4）企业销售收入、总成本，以及各部门费用管理等数据；

（5）此前的奖金分配制度和奖金分配比例等信息；

（6）股东回报资料、薪酬计划，以及已经发放的工资、奖金、福利等数据。

2.【答案要点】

（1）A 公司现行薪酬制度的缺陷主要有：

1）没有考虑市场因素。高级管理人员的薪酬水平偏低，对外缺乏竞争力，难以留住优秀人才。

2）业务提成比例太低。A 公司的业务提成比例只有 0.2%，较低的提成比例激励作用太小，很难调动员工的工作积极性。同时，对于绩效优秀的员工来说，并没有体现出薪酬的公平性。

3）薪酬构成要素不合理。对于高级管理人员，应该增加长期激励薪酬所占的比重。例如，给李经理一部分公司的股票，以增加其忠诚度。对于优秀的管理人才，还可以增加相关的福利项目，如子女入学、带薪休假等。

（2）A 公司应该留住李经理，具体分析如下：

李经理是 A 公司不可多得的市场营销人才，同时也是公司的创业元老。更重要的是，他掌握了公司大部分客户资源，这些客户一旦被竞争对手抢走，A 公司的市场占有率将出现大幅下滑。

为了留住李经理，A公司必须提高他的薪酬待遇。具体做法如下：

1）提高李经理的基本工资、业务提成比例；

2）改善李经理的福利待遇，如养老保险、医疗保险、亲属安置等；

3）对李经理实行长期奖励或特殊奖励，根据李经理的业绩表现对其发放年终贡献奖；

4）因为李经理是A公司的创业元老，与公司一同经历了创业的艰辛，对公司有了深厚的感情，所以对李经理的感情培养往往能起到金钱起不到的效果，高层领导日常应关心李经理的生活状况，帮助其解决实际困难，以提高李经理的忠诚度。

（3）为改进薪酬制度，A公司应做到以下两点：

1）明确薪酬管理的目标。

①保证公司薪酬在劳动力市场上具有竞争性，能吸引并留住优秀人才；

②对各类员工的贡献给予充分肯定，使员工及时得到相应的回报；

③合理控制人工成本，提高劳动生产率，增强其产品竞争力；

④通过薪酬激励机制的确立，将公司利益与员工长期、中短期经济利益有机地结合在一起，促进公司与员工结成利益关系的共同体，达成员工与公司共同发展。

2）遵循薪酬管理的原则。

①对外具有竞争性原则；

②对内具有公正性原则；

③对员工具有激励性原则；

④对成本具有控制性原则。

3.【答案要点】

（1）该公司员工流失的主要原因包括：

1）该公司的技术骨干人员的薪酬水平低，对外缺乏竞争力。企业的薪酬水平直接影响到企业在人才市场上的竞争力。具有对外部有竞争力的薪酬水平，企业才能吸引所需的各类优秀人才。案例中，该公司的薪酬水平偏低，特别是技术骨干人员的薪酬水平较市场平均水平明显偏低，对外缺乏竞争力，从而导致技术骨干和部分中层管理人员流失。薪酬缺乏市场竞争力，造成企业人才流失的后果是极为明显的，即在企业不断招聘新员工以满足运营需求的同时，老员工又不断离职，如此恶性循环，这是对人力资源的极大浪费。

2）公司的薪酬结构不合理。公司的薪酬制度对内缺乏公平性，员工关心薪酬差别的程度高于关心薪酬水平。员工个人能力及其工作职务、工作态度的区别必然带来个人薪酬的差别，如何使这种差别既能起到鼓励先进的作用，又能被大多数员工所接受，这对薪酬管理来说越来越重要。薪酬管理的对内公平性是稳定公司员工队伍、激发员工积极性和创造性的重要手段。

（2）从该案例中获得的启示主要有：

1）企业管理者必须认识到薪酬对激励员工的重要意义。薪酬管理并不是对金钱的直接关注，而是关注如何正确使用薪酬这一金钱的激励作用。即使薪酬总额相同，若其分配方式不同，也会取得不同的激励效果。

2）要重视薪酬市场调查的作用。通过薪酬市场调查，使企业的薪酬水平对外保持竞争力。

3）薪酬结构的设计要科学。在适当拉开员工薪酬差距，激励员工努力工作的同时，要保证薪酬水平的内部公平性。防止薪酬结构不合理造成员工不满，从而引发企业员工队伍的不稳定。

第六章　劳动关系管理

基本内容与要求

一、基本内容

本章主要介绍了企业劳动关系的确立与调整、劳动合同的变更、解除、终止与管理、劳动安全卫生管理、劳动保障监察。具体内容包括：劳动关系的调整方式；人员招聘应遵守的法律规制；劳动合同的订立和履行；劳动合同的变更、解除和终止；企业员工劳动合同的管理；劳动安全卫生管理；劳动保障监察。

二、学习要求

1. 掌握劳动关系、劳动法律关系与劳动关系管理的含义和特征，以及各种劳动关系的调整方式。

2. 熟悉劳动就业的概念，掌握企业人员招聘应遵循的基本原则、外国人在中国就业管理的有关规定和要求，以及企业招工简章与招聘广告的制作方法，并能够对外国人在中国就业进行劳动组织管理。

3. 掌握劳动合同的含义、特点和内容，以及订立和履行劳动合同的原则，掌握劳动合同订立和续订的基本程序、步骤和方法。

4. 掌握劳动法律事实的概念，以及劳动合同变更的含义和条件，能够处理劳动合同的变更、解除和终止。

5. 掌握劳动合同管理的基本概念；熟悉职业分类的内容、建立劳动合同台账、管理劳动合同文档，以及推行职业资格证书制度的方法。

6. 掌握劳动安全技术规程、劳动卫生规程、劳动安全卫生管理制度的含义和内容，以及贯彻执行女职工与未成年工特殊保护制度的要求。

7. 掌握劳动保障监察的机构、职责与监察事项，以及劳动保障监察工作的程序和方式。

辅 导 练 习

一、选择题

(一)单选题

1. 在市场经济条件下，人力资源的配置是通过(　　)实现的。

A. 雇主的选择　　B. 国家安排
C. 劳动力市场　　D. 以上都对

2.(　　)是劳动力与资本相结合的表现，是劳动过程的社会形式。

A. 劳动力交换　　B. 劳动关系
C. 劳动力使用　　D. 劳动力配置

3. 抽象掉个体间的具体差异，劳动关系是(　　)。

A. 雇主与雇主的关系　　B. 使用与被使用关系
C. 雇主与雇员的关系　　D. 雇员与雇员的关系

4. 在现代市场经济条件下，企业或行业劳动条件是由(　　)决定的。

A. 雇主　　B. 组织工会
C. 雇员　　D. 劳动关系双方

5. 下列关于劳动关系特征的表述，不正确的是(　　)。

A. 具有平等性和隶属性的基本特征
B. 以劳动力所有权与使用权相统一为核心
C. 劳动是劳动关系的基础，也是它的实质和内容
D. 具有人身关系属性和财产关系属性相结合的特点

6. 判断劳动者是否属于劳动关系中的雇员，最重要的标准是(　　)。

A. 所从事的劳动属于雇主业务的组成部分

B. 劳动过程中的主要劳动工具由他人提供

C. 工作履行与工作绩效受到别人的控制与评价

D. 在总体上其劳动是一种附属性或从属性劳动

7.（　　）是指劳动法律规范在调整劳动关系过程中所形成的雇员与雇主之间的权利义务关系。

A. 劳动关系　　B. 劳动法律关系

C. 劳动合同　　D. 劳动法律制度

8. 劳动法律关系与劳动关系最主要的区别在于前者体现了（　　）。

A. 雇主意志　　B. 雇员意志

C. 国家意志　　D. 社会意志

9. 在劳动关系的调整方式中，（　　）的基本特点是对劳动关系的社会性调整。

A. 劳动法律法规制度　　B. 企业内部劳动规则

C. 劳动争议处理制度　　D. 劳动监督检查制度

10. 在劳动关系的调整方式中，（　　）的基本特点是劳动者意志对企业意志的渗透和影响。

A. 劳动合同　　B. 民主管理制度

C. 集体合同　　D. 劳动法律法规

11. 一般而言，集体合同由（　　）代表职工与企业签订。

A. 企业工会　　B. 企业人事部门

C. 企业法人　　D. 职工所在部门负责人

12. 企业劳动争议调解委员会是（　　）。

A. 司法机构　　B. 行政机构

C. 群众组织　　D. 公共机构

13. 下列对劳动就业的概念，理解不正确的是（　　）。

A. 劳动就业的主体是有劳动能力和就业要求的人

B. 所参加的劳动属于社会劳动

C. 所从事的劳动为有酬劳动

D. 就业与劳动的社会形式、企业的财产组织形式有关

14. 劳动合同可以约定试用期，试用期的期限（ ）。

A. 最长不得超过 6 个月　　B. 按合同期限的 1/12 确定

C. 平等协商确定　　D. 按合同期限的一定比例确定

15. 作为劳动合同主体的劳动者，必须是年满（ ）周岁，有就业要求，具有劳动行为能力的人。

A. 15　　B. 16

C. 17　　D. 18

16. 劳动合同包括法定条款和约定条款，下列选项中，（ ）属于约定条款内容。

A. 工作内容　　B. 劳动报酬

C. 保密事项　　D. 劳动合同终止条件

17. 劳动合同的履行一般只能向对方当事人履行义务，但在（ ）的特殊情况下，可以向第三人履行。

A. 对方当事人同意　　B. 双方当事人同意

C. 法律允许　　D. A、B 均正确

18. 订立劳动合同的程序包括：①要约和承诺；②相互协商；③双方签字。其正确的排序是（ ）。

A. ②①③　　B. ①③②

C. ②③①　　D. ①②③

19. 下列关于劳动合同的说法，正确的是（ ）。

A. 不签劳动合同就不受劳动法约束

B. 订立劳动合同可以采取口头形式

C. 专项协议必须在订立劳动合同的同时协商确定

D. 它是具备特定形式或履行一定手续方具有法律效力的法定要式合同

20. 劳动合同订立的基本原则不包括（ ）。

A. 诚实信用原则　　B. 平等自愿原则

C. 协商一致原则　　D. 等价交换原则

21. 关于劳动合同的订立，下列说法正确的是（ ）。

A. 订立劳动合同，用人单位应当回答劳动者要求了解的所有

情况

B. 订立劳动合同，用人单位有权了解劳动者所有情况

C. 为了防止用人单位利用信息优势侵害劳动者的合法权益，法律规定了用人单位的如实告知义务

D. 用人单位自试用期结束之日起即与劳动者建立劳动合同关系

22. 无效劳动合同从订立时起就没有法律约束力。如果合同属于部分条款无效，部分仍然有效，则无效部分由（　　）确定。

A. 工会或职代会　　B. 企业上级主管部门

C. 双方当事人协商　　D. 法院或劳动仲裁委员会

23. 用人单位聘用外国劳动者应依法订立劳动合同，劳动合同的期限最长不得超过（　　）年。

A. 1　　B. 2

C. 3　　D. 5

24. 下列关于外国人在中国就业管理规定的说法，不正确的是（　　）。

A. 外国人在中国就业，指没有取得定居权的外国人在中国境内依法从事社会劳动并获取劳动报酬的行为

B. 个体经济组织和公民个人不得聘用外国人

C. 外国人在中国就业的管理适用于在中国境内就业的外国人和聘用外国人的用人单位

D. 外国人在中国就业的管理适用于外国驻华使、领馆和联合国驻华代表机构、其他国际组织中享有外交特权与豁免的人员

25. 我国法律规定，劳动者在同一用人单位工作满（　　）年，双方同意续延劳动合同，劳动者提出订立无固定期限劳动合同的，应当订立。

A. 5　　B. 10

C. 15　　D. 20

26. 小张与某单位签订了 5 年期的劳动合同，其试用期最长

不得超过（ ）。

A. 1个月　　B. 3个月

C. 6个月　　D. 1年

27. 依据劳动法律事实是否以当事人的意志为转移，法律事实可分为劳动法律行为和（ ）。

A. 劳动法律形式　　B. 劳动法律渊源

C. 劳动法律体系　　D. 劳动法律事件

28. 关于劳动合同的变更，下列表述中不正确的是（ ）。

A. 用人单位与劳动者协商一致，可变更劳动合同的内容

B. 变更劳动合同只能在合同订立之后、尚未履行之前进行

C. 劳动合同的变更仅限于劳动合同内容的变化

D. 变更劳动合同，应采用书面形式

29. 解除劳动合同应符合法律规定，下列选项中，（ ）符合法律规定。

A. 小张患职业病并被确认丧失部分劳动能力

B. 小王不能胜任目前工作，经培训后仍不能胜任工作，并且不服从安排

C. 小玲生育后，一直在家哺乳孩子

D. 小沈感冒引发肺炎，连续一周没上班，但在医疗期内

30. 按照我国《劳动合同法》的规定，劳动者提前（ ）日以书面形式通知用人单位，可以解除劳动合同。

A. 3　　B. 7

C. 10　　D. 30

31. 关于劳动合同终止，下列说法正确的是（ ）。

A. 劳动者达到法定退休年龄的，劳动合同依法终止

B. 双方约定劳动合同终止条件达成的，劳动合同终止

C. 劳动合同期限届满时劳动者怀孕的，劳动合同依法终止

D. 除劳动合同期满终止外，用人单位不需要支付劳动者经济补偿

32. 在解除或终止劳动合同后，竞业限制的人员自己开业生

产或经营同类产品，或者到其他单位从事同类业务，其竞业限制期限不得超过（　　）年。

A. 1　　B. 2

C. 3　　D. 5

33. 下列关于变更劳动合同的表述，不正确的是（　　）。

A. 可以变更合同的内容

B. 可以变更合同的主体

C. 提出变更合同的一方应提前书面通知对方

D. 双方当事人平等协商一致后方能变更合同

34. 劳动合同期满前（　　）日，用人单位应将《续订（终止）劳动合同意向通知书》送达劳动者，经协商有意续订劳动合同的，应在劳动合同期限届满前办理续订劳动合同的手续。

A. 15　　B. 20

C. 30　　D. 45

35. 2019年9月小王与某公司签订了4年期的劳动合同。2023年3月，小王因出国留学主动提出解除劳动合同，某公司（　　）支付小王经济补偿金。

A. 无须　　B. 可酌情

C. 必须　　D. 需全额

36.（　　）不属于造成劳动合同无效的情形。

A. 当事人在订立劳动合同时意思表示不真实

B. 用人单位不具有用工权利能力和行为能力

C. 劳动合同条款违反法律或行政法规的一般性规定

D. 用人单位免除自己法定责任，排除劳动者权利的

37. 劳动者实际工作年限10年以下，在本单位工作年限5年以下，其患病或者非因工负伤的医疗期为（　　）个月。

A. 3　　B. 4

C. 5　　D. 6

38. 按照《劳动合同法》的规定，劳动者在试用期内提前（　　）日通知用人单位，可以解除劳动合同。

A. 3　　　　B. 6

C. 10　　　　D. 30

39. 劳动者经过培训或调整工作岗位后仍不能胜任工作，用人单位单方解除合同必须提前（　　）天通知劳动者。

A. 10　　　　B. 15

B. 20　　　　D. 30

40. 当事人就续延劳动合同的期限达不成一致意见的，其期限从签字之日起不得少于（　　）年，或者按原条件履行。

A. 1　　　　B. 2

C. 3　　　　D. 4

41. 用人单位从裁减人员之日起（　　）个月内需要新招人员的，必须优先从原裁减人员中录用。

A. 3　　　　B. 6

C. 9　　　　D. 12

42. 经济性裁员时，法律规定应当优先留用的人员不包括（　　）。

A. 女职工和未成年工

B. 与本单位订立无固定期限劳动合同的

C. 与本单位订立较长期限的固定期限劳动合同的

D. 家庭无其他就业人员，有需要扶养的老人或者未成年人的

43. 下列选项中，公司与该员工解除劳动合同时不支付补偿金的情形包括（　　）。

A. 在试用期被证明不符合录用条件

B. 劳动者单方解除劳动合同

C. 员工不能胜任工作，经过岗位培训或者调整工作岗位，仍不能胜任的

D. 员工患病或者非因工负伤，在规定的医疗期满后，不能从事原工作也不能从事由公司另行安排的工作的

44. 下列关于向劳动者支付经济补偿金的说法，不正确的是（　　）。

A. 向劳动者支付经济补偿金的年限最高不超过 12 年

B. 不满 6 个月的，向劳动者支付半个月工资的经济补偿金

C. 按在本单位工作年限，每满 1 年支付 1 个月工资的经济补偿金

D. 月工资是指劳动者在劳动合同解除或者终止前当月的月工资额

45. 我国的劳动合同管理体制由行政管理、（　　）和用人单位内部管理构成。

A. 劳动者　　B. 社会管理

C. 主管部门　　D. 行业协会

46. 职业具有的特征不包括（　　）。

A. 目的性　　B. 社会性

C. 稳定性　　D. 经济性

47. 企业在劳动安全卫生保护方面的根本任务是（　　）。

A. 执行行业职业标准　　B. 执行企业制定标准

C. 执行国家标准　　D. 执行地方政府规定

48. 企业劳动安全技术规程的主要内容包括三个方面，即工厂安全技术规程、矿山安全规程和（　　）。

A. 建筑安装工程安全技术规程

B. 特别工作环境的安全技术规程

C. 野外施工安全技术规程

D. 特殊岗位安全技术规程

49. 劳动保障监察的主要管辖方式不包括（　　）。

A. 地域管辖　　B. 裁定管辖

C. 级别管辖　　D. 指定管辖

50. 下列关于劳动保障监察管辖说法正确的是（　　）。

A. 上级劳动保障行政部门不能越级调查处理下级劳动保障行政部门管辖的案件

B. 劳动保障行政部门对劳动保障监察管辖发生争议的，由用人单位选定

C. 上级劳动保障行政部门不应将其管辖的用人单位委托给下级劳动保障行政部门进行监督检查

D. 对用人单位的劳动保障监察，由用人单位用工所在地的县级或者设区的市级劳动保障行政部门管辖

（二）多选题

1. 下列关于劳动关系的表述，正确的是（　　）。

A. 劳动关系主要取决于雇主和雇员双方的意志

B. 劳动关系发生的原因是为了实现劳动的过程

C. 劳动关系是构成劳动法所调整的最基本、最主要的一种关系

D. 劳动关系是在用人单位录用了劳动者，与劳动过程有联系之后发生的关系

E. 劳动关系是劳动者为用人单位进行了有偿的职业劳动活动之后发生的关系

2. 下列关于劳动法律关系的表述，正确的是（　　）。

A. 通过签订劳动合同所形成的

B. 企业职工和用人单位既是权利主体又是义务主体

C. 某公司聘用李某为名誉顾问，由此形成劳动法律关系

D. 小王于 2 月初与单位解除了劳动合同，劳动法律关系消失

E. 劳动法律关系既符合当事人的意志又符合国家意志

3. 劳动法律关系的特征包括（　　）。

A. 具有协商性　　B. 具有国家强制性

C. 是双务关系　　D. 内容是权利和义务

E. 是劳动关系的现实形态

4. 劳动关系的调整方式包括（　　）。

A. 劳动法律、法规　　B. 劳动合同规范

C. 集体合同规范　　D. 职工代表大会

E. 企业内部规章制度

5. 集体合同是集体协商双方代表根据劳动法律、法规的规定，就（　　）等事项，在平等协商一致的基础上签订的书面

协议。

A. 劳动报酬　　B. 休息休假

C. 工作时间　　D. 保险福利

E. 劳动安全卫生

6. 下列关于企业内部劳动规则的说法，正确的是（　　）。

A. 它以企业为制定的主体

B. 它是对劳动者的行为规范

C. 它的制定是用人单位的单方法律行为

D. 它的制定程序应当保证劳动者的参与

E. 它以企业公开、正式的行政文件为表现形式

7. 劳动争议仲裁委员会由（　　）组成。

A. 企业职工代表　　B. 用人单位代表

C. 同级工会代表　　D. 劳动行政部门代表

E. 委托法律顾问

8. 劳动争议处理制度中调解的基本特点包括（　　）。

A. 平等性　　B. 群众性

C. 自治性　　D. 强制性

E. 非强制性

9. 劳动监督检查制度是关于（　　）的行为规范。

A. 监督检查的范围　　B. 纠偏

C. 监督检查的程序　　D. 处罚

E. 法定监督检查主体的职权

10. 企业招聘录用新员工应遵循的法规包括（　　）。

A. 禁止任何形式的就业歧视

B. 禁止使用童工

C. 切实保障劳动者公平就业

D. 构建稳定和谐的劳动关系

E. 保证招工简章、招聘广告的合规性

11. 国家依法给予税收优惠的企业和人员包括（　　）。

A. 吸纳符合国家规定条件的失业人员达到规定要求的企业

B. 失业人员创办的中小企业

C. 安置残疾人员达到规定比例或者集中使用残疾人的企业

D. 从事个体经营的符合国家规定条件的失业人员

E. 从事个体经营的残疾人

12. 根据合同的期限，劳动合同可以区分为（　　）。

A. 无限劳动合同

B. 有限劳动合同

C. 有固定期限的劳动合同

D. 无固定期限的劳动合同

E. 以完成一定工作为期限的劳动合同

13. 劳动合同的履行情况包括（　　）。

A. 提前履行　　B. 不履行

C. 完全履行　　D. 不完全履行

E. 延迟履行

14. 按劳动法有关规定，劳动合同无效的情形包括（　　）。

A. 劳动合同主体不合法　　B. 劳动合同内容不合法

C. 劳动合同形式不合法　　D. 采取欺诈手段订立

E. 劳动合同由他人代签

15. 劳动合同的法定条款应明确规定劳动报酬条款，即明确（　　）等内容。

A. 工资支付标准　　B. 工资支付时间

C. 工资支付周期　　D. 工资计算办法

E. 工资制度

16. 劳动合同的法定条款应明确规定社会保险条款，即明确社会保险的（　　）。

A. 缴费项目　　B. 缴费周期

C. 缴费办法　　D. 缴费主体

E. 缴费标准

17. 在订立劳动合同的同时协商确定的专项协议，通常包括（　　）。

A. 劳动报酬协议　　B. 竞业禁止协议
C. 合作分工协议　　D. 补充保险协议
E. 保守企业商业秘密协议

18. 劳动者单方面随时提出解除劳动合同的法定情形包括（　　）。
A. 用人单位未按照劳动合同约定提供劳动保护或者劳动条件
B. 用人单位未及时足额支付劳动报酬
C. 用人单位未依法为劳动者缴纳社会保险费
D. 用人单位的规章制度违反法律、法规的规定，损害劳动者权益
E. 用人单位生产经营出现严重困难

19. 当出现（　　）情形时，劳动合同终止。
A. 劳动者死亡
B. 劳动合同期满
C. 劳动合同主体一方毁约
D. 用人单位被依法宣告破产
E. 劳动者开始依法享受基本养老保险待遇

20. 我国特殊就业保障对象包括（　　）。
A. 残疾人　　B. 特殊患病人员
C. 女性劳动者　　D. 少数民族人员
E. 农村进城务工劳动者

21. 职业的特征包括（　　）。
A. 目的性　　B. 系统性
C. 稳定性　　D. 规范性
E. 群体性

22. 劳动合同台账具体包括（　　）。
A. 员工登记表　　B. 员工统计表
C. 医疗期台账　　D. 原始记录表
E. 员工培训台账

23. 劳动安全卫生管理制度包括（　　）。

A. 安全生产责任制度　　　　B. 安全生产教育制度
C. 安全生产检查制度　　　　D. 安全卫生认证制度
E. 劳动者健康检查制度

24. 劳动卫生规程的主要内容包括（　　）。
A. 防止噪声和强光刺激　　　　B. 防止电磁辐射的危害
C. 防止有毒物质的危害　　　　D. 劳动者健康检查规程
E. 防暑降温和防冻取暖

25. 安全技术措施计划管理制度的计划项目主要包括（　　）。
A. 职业病防范措施
B. 安全技术措施
C. 辅助性设施建设、改善措施
D. 劳动卫生措施
E. 劳动安全卫生宣传教育措施

26. 工厂安全技术规程的主要内容包括（　　）。
A. 机器设备、电气设备的安全措施
B. 厂房、建筑物和道路的安全措施
C. 动力锅炉、压力容器的安全装置
D. 工作场所、爆炸危险场所的安全技术措施
E. 厂房、建筑物的坚固安全，符合防火、防爆的规定

27. 劳动保障行政部门实施劳动保障监察的事项包括（　　）。
A. 订立劳动合同的情况
B. 遵守禁止使用童工规定的情况
C. 遵守女职工特殊劳动保护的情况
D. 执行最低工资标准的情况
E. 缴纳社会保险费的情况

28. 下列关于劳动保障监察程序方面的表述，正确的是（　　）。
A. 劳动保障监察员进行调查、检查时，不得少于 2 人
B. 劳动保障监察员进行调查、检查时，可以不佩戴劳动保障监察执法标志
C. 劳动保障监察员办理的劳动保障监察事项与本人或者其近

亲属有直接利害关系的，应当回避

D. 劳动保障监察员进行调查、检查时，必须出示劳动保障监察证件

E. 进入用人单位的劳动场所检查前，劳动保障监察员应当向用人单位告知检查的目的、内容、要求和方法

29. 劳动保障监察人员的权利包括（　　）。

A. 实地调查权　　B. 询问权

C. 书面调查权　　D. 查阅或复制资料权

E. 处理权

30. 用人单位在接受劳动保障监察时，依法享有（　　）。

A. 拒绝权　　B. 听证权

C. 申辩权　　D. 复议权

E. 抗诉权

二、简答题

1. 简述劳动关系的特征。

2. 简述订立劳动合同应遵循的原则。

3. 简述订立劳动合同的基本程序。

4. 简述不得解除劳动合同的条件。

5. 简述我国未成年工特殊保护制度的主要内容。

6. 简述劳动保障监察与其他各项劳动法律制度的区别。

三、综合分析题

1. 某单位2022年10月招聘员工，明确要求中专以上学历，并要求应聘人员如实填写个人情况表，如有隐瞒，一经发现立即辞退，解除劳动合同。赵某与王某是中学同学，赵某中专未毕业，但托人领取了某中专的毕业证；王某是大专毕业，她们同时被单位录用。该单位与她们签订了劳动合同，期限是4年，试用期为半年。两人在试用期工作都很认真。2023年2月，单位发现赵某的中专毕业证是伪造的，要解除与赵某的劳动合同，赵某声称自己已怀孕，并持有医院证明，单位并不理会，解除了与赵某的劳动合同。同月，王某经常出现呕吐、恶心、全身不适等症状，经医院诊断为“妊娠反应”。王某持医院开具的证明到单位请假。单位认为王某在应聘时没有如实填写个人情况登记表，隐瞒了自己怀孕的事实，欺骗了单位，也解除了与王某的劳动合同。3月，赵某和王某以怀孕期间单位不能解除劳动合同为由向劳动争议仲裁委员会提出申诉。

请问：该单位的行为是否正当合法？为什么？

2. 2023年5月15日，张某在甲企业工作3年6个月了，工作岗位是组装调配工。同年3月1日，企业引进流水线装置投入生产。经过10天培训，张某仍不能胜任工作。4月15日，企业人力资源部主管与其谈话，调整其工作岗位为车间清洁员，张明拒绝转岗并要求再次进行培训上岗。

企业根据《劳动法》有关规定，对其进行培训，但其考核仍不合格。为此，人力资源部仍安排其岗位为车间清洁员。张某未打招呼离岗，由此企业将解除劳动合同通知书送交张某。人力资源部表示如果他接受企业变更工作岗位的建议，企业将与其维持劳动关系到劳动合同期限届满。张明对此并未理睬。鉴于这种情况，甲企业于 2023 年 5 月 15 日与其解除了劳动合同。张某不接受企业解除劳动合同的决定，申诉到当地劳动争议仲裁委员会，请求维持原劳动关系。

（1）针对上述案例，请提出您的分析意见。

（2）甲企业对此事的处理，有哪些不符合《劳动法》规定？

3. 2019 年 7 月 18 日，某航空公司湖北分公司与张某签订无固定期限劳动合同，合同期限到法定退休年龄之日止。年仅 22 岁的张某终于实现其蓝天梦，心情无比激动，工作努力。公司出资对张某进行专业培训，先后将他送入某大学飞行学院等单位进行培训，交费 172 万余元。2023 年 7 月 24 日，张某突然向航空公司提出辞职申请。4 天后，航空公司出具书面复函，认为张某提出的辞职原因及理由不充分，经公司研究决定不同意其辞职。此后，双方协商数次，未能达成一致，公司未安排张某飞行任务。8 月 25 日后，张某再未上班。航空公司提起诉讼，认为张某单方面解除劳动合同属违约行为，要求其支付违约金、培训费等共计 350 余万元。法院审理后认为，张某递交辞职报告并于 1 个月后正式离职，其解除劳动合同的行为符合法律规定；航空公司要求张某赔偿培训费用的请求合情合法。张某被判赔违约金 154 万元，双方解除劳动合同，航空公司转出张某的飞行档案。

请用所学知识评析该案例。

4. 李某于2023年3月1日看到某文印厂的招工简章。该厂拟招聘制排版工人10人，男女不限，年龄为20～22周岁，双眼裸眼视力5.0以上。李某患视神经萎缩，裸眼视力只能达到4.6，而且不能矫正。为了找工作，李某利用不正当手段获得视力为5.0的虚假证明。该厂遂与李某于2023年3月5日签订了为期5年的劳动合同，合同中明确规定试用期为6个月。

李某入厂后由于其视力达不到工作要求，经其排版的清样错误多，且其排版速度和质量与同期进厂的员工差距很大。该厂要求李某到医院复查。经查证，李某的视力在招工前即为4.6，与招工简章中的视力要求不符。2023年5月4日，该厂通知李某解除劳动合同，限他5月10日前离厂。李某认为该厂与自己签订了劳动合同，在劳动合同履行过程中用人单位单方解除劳动合同，属于违法行为，他不同意解除劳动合同，并向当地劳动争议仲裁委员会提出申诉。

请依据我国现行劳动法律法规对该案例作出评析。

5. 甲公司人力资源部经理在仔细复查小赵学历证书等证件的复印件时，发现小赵的学历证书编号比其他员工提交的学历证书编号位数明显要短，遂致电小赵学历证书上所显示学校（以下称乙大学）的毕业生就业指导中心。经乙大学毕业生就业指导中心以及乙大学教务处查询，乙大学从无此人，甲公司方知小赵提供的学历证书是伪造的。

人力资源部经理立即向总经理汇报。甲公司向小赵下发书面决定，因小赵通过欺诈手段与公司订立劳动合同，性质恶劣，该劳动合同系无效劳动合同。从即日起，小赵与甲公司不存在劳动关系，小赵须于当天办理好工作交接。以前发放的两个月工资就算了，但是两个月后近三个星期的工资，公司不予发放。

对此，小赵表示不予接受，并坚持自己的学历证书是真实的。小赵依然如往常一样，到甲公司上班。但是，到发薪日时，其他员工均领到了相应的工资，唯独小赵没有。小赵去公司财务部理论，被告知公司早就和他没有劳动关系了。

半个月后，小赵向某市劳动争议仲裁委员会提起劳动争议仲裁，要求甲公司恢复与其的劳动关系，并支付所拖欠的工资。

劳动争议仲裁期间，经对小赵的学历证书进行鉴定，小赵的学历证书确系伪造。劳动争议仲裁委员会认为，小赵与甲公司之间的劳动合同确因小赵实施欺诈所签订，因此该份劳动合同无效，小赵要求恢复劳动关系的请求不予支持。但是，对于劳动合同无效有争议的，应当由劳动争议仲裁委员会或人民法院确认，甲公司应当向小赵支付所拖欠的全部工资。

请用所学知识评析该案例。

6. 朱某是某图片社的员工，2023 年 9 月生育一女。产假期满后，由于要为女儿哺乳，直到“五一”国际劳动节前，朱某都只能每日工作 7 小时。但节后突然大幅增加的业务量让经理有些不知所措。由于图片社人手少，经理不得不要求所有员工加班。朱某因需要有更多时间照顾小孩，不同意经理的安排，坚持每天只上 7 个小时的班，拒绝加班和上夜班。经理见无法安排朱某加班，就对其作出了扣发工资的处理。朱某于是去本地区劳动保障监察部门投诉，请求依法处理图片社的违法行为。劳动保障监察部门经过调查后，依据《劳动保障监察条例》第二十三条的规定，对图片社安排女职工在哺乳未满 1 周岁的婴儿期间延长其工作时间的行为，作出了责令改正并处罚款的决定。

请用所学知识评析该案例。

7. 某纺织品公司向社会招聘一批女工。其招聘广告中写道：公司实行计件工资，食宿免费，待遇从优。由于招聘广告所述条件较好，很快便有十几名女工到该公司应聘。该公司经面试录用后，即同她们签订了为期两年的劳动合同。当这些新招录的女工进入公司从事生产时，才发现自己上当受骗了。原来这家纺织品公司并没有宿舍，更谈不上食宿全包，十几名新招女工只能挤住在条件十分恶劣的车间里。招聘广告中所讲的“计件工资”“待遇从优”，实际上是每人每月 2 000 元基本生活费，超出部分要到合同期满之后才能兑现。新招女工认为招聘广告所述各种条件与事实不符，多次向公司提出按招聘广告兑现条件并补发工资，但均被公司拒绝。因此，她们向当地劳动争议仲裁委员会提出了申诉，要求这家纺织品公司按计件工资的标准补发所欠工人工资，解除劳动合同，并承担女工们因此遭受的损失。

请结合相关法律法规对本案例进行评析。

参 考 答 案

一、选择题

（一）单选题

1. C	2. B	3. C	4. D	5. B
6. D	7. B	8. C	9. C	10. B
11. A	12. C	13. D	14. A	15. B
16. C	17. C	18. D	19. D	20. D
21. C	22. D	23. D	24. D	25. B
26. C	27. D	28. B	29. B	30. D
31. A	32. B	33. B	34. C	35. A
36. C	37. A	38. A	39. D	40. A
41. B	42. A	43. A	44. D	45. B
46. D	47. C	48. A	49. B	50. D

（二）多选题

1. BCD	2. ABDE	3. BCDE	4. ABCDE	5. ABCDE
6. ACDE	7. BCD	8. BCE	9. ABCDE	10. ABCD
11. ABCDE	12. CDE	13. BCDE	14. ABCD	15. ABCDE
16. ACE	17. BDE	18. ABCD	19. ABDE	20. ACDE
21. ACDE	22. ABCE	23. ABCDE	24. ABCE	25. BCDE
26. ABCDE	27. ABCDE	28. ACDE	29. ABCDE	30. ABCD

二、简答题

1.【答案要点】

（1）劳动关系的内容是劳动。

（2）劳动关系具有人身关系属性和财产关系属性相结合的特点。

（3）劳动关系具有平等性和隶属性的特点。

2.【答案要点】

第一，依法订立。订立劳动合同的主体合法，当事人具备法律、法规规定的主体资格。用人单位依法成立，具有用工权利能力和行为能力；劳动者达到法定就业年龄，具有劳动权利能力和行为能力；订立劳动合同的目的合法；劳动合同的内容合法，不得违反法律或行政法规的规定，当事人的权利和义务设定公平；订立的劳动合同形式合法，除非全日制工等灵活用工方式外，劳动合同应当以书面形式订立；订立劳动合同的行为合法。法律规定了在市场经济条件下劳动者的自主择业权和用人单位的自主用人权，劳动合同以合意为基础，当事人订立劳动合同的自主意志受法律保护，是当事人真实意思表示的结果。

第二，平等自愿，协商一致。当事人在订立劳动合同时法律地位平等，具有平等的意思表示的权利。双方是否订立劳动合同应由其自主决定，不受强制，不能以强迫、欺诈、威胁等手段将自己的意愿强加于对方。劳动合同的各项条款经协商一致才能成立。在订立劳动合同的实践中通常是以用人单位事先准备的合同文本作为协商的基础，文本中的各项条款是可以协商的，如果存在显失公平条款、与劳动立法宗旨相矛盾的条款，以及限制劳动者权利、免除用人单位义务以致合同目的难以达成的条款，不为法律所认可。

3.【答案要点】

（1）要约和承诺。劳动者或用人单位向对方提出订立劳动合同的建议称为要约，即一方向另一方提出订立劳动合同的要求。提出要求的一方为要约方，与之相对的一方为被要约方。被要约方接受要约方的建议并表示完全同意称为承诺。

（2）相互协商。被要约方与要约方就订立劳动合同的建议和要求进行平等协商。各自向对方如实地介绍自身的真实情况和各自的要求。

（3）双方签约。劳动合同当事人双方在签约前应认真审阅劳动合同文本约定的内容是否真实，是否与约定的条件一致。经确认后，劳动者本人和用人单位法定代表人签字、盖章，并填写年、月、日。法定代表人可以书面委托有关人员代理签字。

4.【答案要点】

（1）从事接触职业病危害作业的劳动者未进行离岗前职业健康检查，或者疑似职业病病人在诊断或者医学观察期间的；

（2）在本单位患职业病或者因工负伤并被确认丧失或者部分丧失劳动能力的；

（3）患病或者非因工负伤，在规定的医疗期内的；

（4）女职工在孕期、产期、哺乳期的；

（5）在本单位连续工作满 15 年，且距法定退休年龄不足 5 年的；

（6）法律、行政法规规定的其他情形。

5.【答案要点】

（1）最低就业年龄的规定。我国的最低就业年龄为 16 周岁，某些特殊行业需招用未满 16 周岁的未成年人，必须遵守国家有关规定，并保障其接受义务教育的权利。

（2）禁忌劳动范围。任何用人单位招用未成年工，应当在工种、劳动时间、劳动强度、保护措施等方面执行国家有关规定，不得安排其从事过重、有毒有害的劳动或者危险作业。

（3）对未成年工实行定期健康检查。

（4）对未成年工实行登记制度。

（5）用人单位必须在未成年工上岗前对其进行职业安全卫生教育、培训。

6.【答案要点】

（1）其他各项劳动法律制度主要规定劳动关系的内容、运行规则、调整原则与方式，而劳动保障监察主要是规定何种机关、以何种手段实现和保证各项劳动法律制度的实施。

（2）其他各项劳动法律制度是劳动保障监察实施时，确定监督检查客体的行为合法与否的标准以及对违法情况进行处理的法律依据，而劳动保障监察是实施劳动监督检查的职权划分和行为规则。

（3）劳动保障监察既独立于其他各项劳动法律制度之外，同时又是其他各项劳动法律制度的组成部分，即各项劳动法律制度的范围与劳动保障监察的范围是一致的。正是两者范围的一致性，才能保证各项劳动法律制度得到有效的实施。

三、综合分析题

1.【答案要点】

（1）本案例是一起关于试用期怀孕女职工特殊保护的劳动争议案例。

（2）有关劳动法律规定劳动合同可以约定试用期，试用期最长不得超过6个月。单位和赵某、王某签订合同时约定试用期是合法的。

（3）《劳动合同法》规定，在试用期间被证明不符合录用条件的，用人单位可以随时提出解除劳动合同。此种情况在试用期满后不再适用。本案例中，赵某的学历不符合录用条件，用人单位因而可以与其解除劳动合同。

（4）有关劳动法律规定，孕期、产期、哺乳期间的女职工在合同规定的试用期内不符合录用条件的，可以辞退，但不得以女职工怀孕、休产假、哺乳为由辞退。

（5）王某在试用期内才出现妊娠反应，并经医院证明，在招聘时她并不知道自己怀孕或者根本就没有怀孕，因而不能认为她隐瞒了真实情况，欺骗单位，所以该单位以此为理由解除与王某的劳动合同是不成立的。

（6）综上所述，该单位解除与赵某的劳动合同是合法的；解除与王某的劳动合同是不合法的，应撤销解除与王某的劳动合同的决定。

2.【答案要点】

（1）根据《劳动合同法》第四十条规定，劳动者不能胜任工作，经过培训或者调整工作岗位，仍不能胜任工作的，用人单位可以与劳动者解除劳动合同，但应提前30天以书面形式通知劳动者本人，或者额外支付劳动者一个月工资。张某在经过两次培训后，仍不能达到上岗要求，且张某不服从企业的岗位安排，因此按照《劳动合同法》规定，甲企业可以解除与张某的劳动合同。

（2）在该案例中，甲企业有些做法不符合《劳动合同法》的规定，具体表现在：

1）张某经培训后仍不能胜任原岗位工作要求，且不愿接受岗位调整，甲企业从书面通知到正式解除与张某的劳动合同之间不足 30 天的时间，因此根据《劳动合同法》第四十条的规定，如果解除劳动合同，企业应当额外支付张某一个月工资。

2）《劳动合同法》第四十六条规定，用人单位依照本法第四十条规定解除劳动合同的，应当向劳动者支付经济补偿。第四十七条规定，经济补偿按劳动者在本单位工作的年限，每满一年支付一个月工资的标准向劳动者支付。张某已经在甲企业工作了 3 年 6 个月，因此甲企业应向其支付 4 个月工资作为经济补偿。

3）《劳动合同法》第三十五条规定，用人单位与劳动者协商一致，可以变更劳动合同约定的内容。变更劳动合同，应当采用书面形式。变更后的劳动合同文本由用人单位和劳动者各执一份。甲企业将解除劳动合同通知书送交张某，并表示如果张某接受企业变更工作岗位的建议，甲企业将与其维持劳动关系到劳动合同期限届满。这一做法违反了《劳动合同法》第三十五条关于劳动合同变更的规定。如果张某接受变更工作岗位的建议，甲企业应与张某以书面的形式重新订立劳动合同。

3.【答案要点】

依照《劳动合同法》的规定，用人单位为劳动者提供专项培训费用，对其进行专业技术培训的，可以与该劳动者订立协议，约定服务期。劳动者违反服务期约定的，应当按照约定向用人单位支付违约金。违约金的数额不得超过用人单位提供的培训费用。用人单位要求劳动者支付的违约金不得超过服务期尚未履行部分所应分摊的培训费用。法院的判决完全正确。因双方签订的是无固定期限劳动合同，张某达到法定退休年龄时服务期限为 38 年，提出辞职申请时服务 4 年，尚未履行的服务期限为 34 年，即按总培训费用 172 万余元除以 38 再乘以 34 约等于 154 万元。

4.【答案要点】

（1）本案例是一起试用期间因劳动者不符合录用条件被用人单位提前解除劳动合同的劳动争议案件，争议的焦点是劳动合同是否可以解除。

（2）本案例涉及以下两个劳动法律问题：

一是该厂与李某订立的劳动合同是否具有有效性；

二是试用期内劳动者不符合录用条件，用人单位可否解除劳动合同。

（3）根据我国《劳动合同法》的规定，以欺诈行为为基础订立的劳动合同是无效的，对方当事人可以要求解除劳动合同。在本案例中，李某伪造视力证明是一种欺诈行为，因此该厂可以与李某解除劳动合同。

（4）根据《劳动合同法》第三十九条规定，劳动者在试用期间被证明不符合录用条件的，用人单位可以随时解除劳动合同，并不承担经济补偿的责任。

（5）在本案例中，李某的试用期是 6 个月，即从 2023 年 3 月 5 日始至 9 月 4 日止，该厂在 2023 年 5 月，即在试用期内证实了李某的视力不符合录用条件，因此可以依法与李某解除劳动合同。

（6）基于上述事实，该厂解除与李某订立的劳动合同是合法的，劳动争议仲裁委员会应予以支持。

5.【答案要点】

（1）如果员工自己承认学历系伪造的，用人单位可让该员工签字确认（签收）相关书面通知（通知中应有相关虚假学历的表述）。此时，用人单位可以直接宣布劳动合同无效。如果劳动者与用人单位对于学历的真伪发生争议（是否存在欺诈、劳动合同是否无效），用人单位便不能直接宣布劳动合同无效或解除劳动合同，须经劳动争议仲裁机构或人民法院确认，方可认定。《劳动合同法》第二十六条也作出规定，对劳动合同的无效或者部分无效有争议的，由劳动争议仲裁机构或者人民法院确认。

（2）尽管劳动合同被确认为无效，但用人单位也应当支付一定的报酬。《劳动合同法》第二十八条明确规定，劳动合同被确认无效，劳动者已付出劳动的，用人单位应当向劳动者支付劳动报酬。劳动报酬的数额，参照本单位相同或者相近岗位劳动者的劳动报酬确定。

6.【答案要点】

该劳动保障监察部门对朱某的投诉所进行的处理完全正确。为保护女职工哺乳期间的合法权益，《劳动法》第六十三条规定，不得安排女职工在哺乳未满 1 周岁的婴儿期间从事国家规定的第三级体力劳动强度的劳动和哺乳期禁忌从事的其他劳动，不得安排其延长工作时间和夜班劳动。《女职工劳动保护特别规定》第九条也规定，对哺乳未满 1 周岁婴儿的女职工，用人单位不得延长劳动时间或者安排夜班劳动。用人单位应当在每天的劳动时间内为哺乳期女职工安排 1 小时哺乳时间；女职工生育多胞胎的，每多哺乳 1 个婴儿每天增加 1 小时哺乳时间。因此，用人单位在安排女职工延长工作时间或夜班劳动时，应考虑女职工是否存在国家规定的不得延长工作时间或夜班劳动的情形，否则就要承担相应的法律责任。

7.【答案要点】

（1）这是一起利用虚假招聘广告欺骗应聘人员，骗签劳动合同的案件。

（2）招聘广告是用人单位对录用条件和录用后待遇等情况进行介绍的一种书面形式。招聘广告应真实地介绍用人单位的基本情况，同时写明对所要招录人员的各方面要求，以及薪酬待遇和劳动条件。

（3）根据《劳动法》的有关规定，劳动合同的订立应当遵循平等自愿原则。一方当事人采取欺诈手段订立的劳动合同，使另一方当事人对劳动关系产生了不真实的认识，基于这种情况订立的劳动合同是无效的。本案例中，该纺织品公司的招聘广告已经构成了欺诈行为，在这种情况下订立的劳动合同是无效的。

（4）用人单位不按法律规定的方式、时间、数额支付劳动者的工资，侵犯了劳动者获得劳动报酬的权利。本案例中，该纺织品公司拖欠女工们的工资，不仅应迅速返还所欠的工资，而且还要对其所迟付部分承担赔偿责任，女工们要求赔偿经济损失的要求是合法的。

（5）综上所述，该纺织品公司与女工们订立的劳动合同是无效的，女工们有权不再履行劳动合同；同时，该纺织品公司应按照其招聘广告的承诺补发拖欠女工们的工资并赔偿她们相应的经济损失。